LK 3324

LA GRANDE-CHARTREUSE.

LA
GRANDE-CHARTREUSE,

ou

TABLEAU HISTORIQUE ET DESCRIPTIF

DE CE MONASTÈRE,

PRÉCÉDÉ

D'UNE VIE ABRÉGÉE DE SAINT BRUNO, FONDATEUR DE L'ORDRE DES CHARTREUX.

PAR ALBERT DU BOYS,

Ancien Magistrat.

GRENOBLE,

Chez Baratier frères et fils, imprimeurs-libraires, Grand'rue, 4.   Chez Ch. Vellot et C°, libraires, rue Lafayette.

1845.

GRENOBLE, IMPRIMERIE DE C.-P. BARATIER.

AVANT-PROPOS.

Le pèlerinage de la Grande-Chartreuse, en Dauphiné, a été au nombre des plus vives impressions de notre adolescence ; il nous a inspiré de graves réflexions dans un âge plus mûr. Après avoir admiré les sites qui environnent ce Monastère, nous avons étudié le Monastère lui-même et interrogé son histoire. C'est ce qui nous a conduit à entreprendre sur ce sujet ce petit ouvrage historique et descriptif, dans lequel nous comptons évoquer nos sensations et nos souvenirs de différentes époques de notre vie, en nous aidant d'ailleurs des documents multipliés que le révérend Père Général a bien voulu mettre à notre disposition. D'autres nous avaient devancé dans ce dessein. Nous profiterons de leurs travaux : la mise en œuvre seule nous appartiendra. Parmi les contemporains qui ont déjà aplani la route que nous allons suivre, nous citerons M. A. Balleydier qui a écrit des notes étendues sur tous les objets que nous devons embrasser. Dom Bruno Rambaud, ancien coadjuteur du Monastère, duquel nous aimons à nous rappeler l'hospitalité attentive et la conversation pleine d'aménité, avait également fait d'utiles recherches sur la Grande-Chartreuse et sur saint Bruno. En 1837, cédant aux instances renouvelées d'année en année par un grand nombre de voyageurs, la Maison fit imprimer une brochure intitulée : *Tableau historique et pittoresque de la Grande-Chartreuse.*

Il nous reste à mettre en ordre ces divers matériaux. Nous tâcherons de leur donner l'empreinte de l'unité dans la méthode et dans le style.

Une vie abrégée de saint Bruno sera placée en tête de cet ouvrage. Elle nous a paru être une introduction toute naturelle à l'histoire que nous ferons ensuite de la Maison mère de l'Ordre qu'il a fondé. Ce sera comme l'entrée et le vestibule du modeste édifice que nous voulons construire.

VIE ABRÉGÉE
DE SAINT BRUNO,

FONDATEUR

DE L'ORDRE DES CHARTREUX.

Il est des hommes qui ont tellement bien mérité de l'humanité par leurs services et leurs vertus, que la postérité reconnaissante semble se plaire à accumuler sur eux tous les genres d'illustration. Ainsi on ne s'est pas contenté de chercher à retracer l'éclat du talent, du savoir et de la haute vertu de saint Bruno; on a voulu le faire naître d'une race noble et antique, qui se serait perdue dans la nuit des temps. Ses ancêtres auraient été envoyés de Rome par l'empereur Trajan pour fonder une colonie dans les provinces germaniques. Le nom d'Hartenfaust, qui était celui de la famille de Bruno, paraît avoir pourtant une physionomie bien peu romaine.

Quoi qu'il en soit, ce fut à Cologne que Bruno reçut le jour. On n'est pas d'accord sur l'époque de sa naissance, qui paraît avoir eu lieu entre l'année 1033 et l'année 1838. Ses parents, quoique peut-être d'une famille moins ancienne que ne le veut la tradition, étaient certainement nobles. Ils s'occupèrent de bonne heure de l'éducation de leur fils. Bruno les charma par la manière dont il correspondit aux soins qu'il lui prodiguèrent. Dès sa plus tendre jeunesse il montra une maturité précoce, jointe aux plus heureuses dispositions pour la piété. Il fit ses premières études avec une rare distinction, sans sortir de sa ville natale, dans la collégiale de Saint-Cunibert. Saint Annon, archevêque de Vienne, voulant récompenser son zèle et son aptitude, le nomma chanoine métropolitain, quoiqu'il sortît à peine de l'adolescence. C'était à la fois encourager et affermir la vocation sacerdotale, qui s'était déjà révélée dans cette âme comblée des grâces de l'Esprit-Saint.

Loin de se reposer dans les avantages attachés à une pareille faveur, le jeune Bruno ne chercha qu'à la justifier et à la mériter de plus en plus par ses efforts pour acquérir des connaissances étendues dans les Lettres sacrées et profanes. En conséquence il partit pour la France et se rendit à Reims, dont l'école était alors célèbre. Il y obtint de grands succès, surtout en poésie. Suivant quelques-uns de ses biographes, il alla ensuite à Tours étudier la philosophie sous le fameux Béranger, chanoine de Saint-Martin. Mais dès qu'il se fut aperçu du venin d'erreur dont ce professeur était infecté, il ne suivit plus son cours qu'avec méfiance; car il resta toujours l'humble et docile enfant de l'Eglise.

De retour à Cologne après avoir terminé glorieusement le cours de ses études, Bruno entra dans les Ordres sacrés; et ce fut au milieu des grandes pensées que la grâce faisait naître en lui tandis qu'il se préparait à recevoir l'onction sacerdotale, qu'il sentit son cœur s'embraser de zèle pour la gloire de Dieu et le salut des âmes. Peu jaloux de la réputation d'homme érudit et de prédicateur habile, il se mit à parcourir les villages, les bourgs et autres lieux de diverses provinces, prêchant avec simplicité mais avec force et onction, instruisant les peuples, les invitant à la pénitence et opérant partout des fruits abondants de conversion, de sanctification et de salut.

La réputation de Bruno parvint jusqu'à Reims. Gervais, archevêque de cette ville, n'avait pas oublié les succès de ses premières études. Il l'invita à venir auprès de lui, et lui fit connaître le besoin qu'il avait d'un directeur pour ses écoles ecclésiastiques. Il lui offrit cet emploi. Notre Saint hésita quelque temps à accepter cette tâche, qu'il croyait au-dessus de ses forces. Néanmoins après avoir consulté le Seigneur dans la prière, il se décida à accéder aux désir du prélat. Gervais le nomma tour à tour modérateur et chancelier des écoles de la ville et du diocèse, et enfin chanoine théologal.

Cependant les séductions de la gloire ainsi que l'importance des fonctions dont il était revêtu n'étaient pour Bruno qu'un sujet de crainte et de douleur. Son âme éclairée et fortifiée par les lumières d'en haut dont Dieu le favorisait dans l'oraison, s'étudiait à vivre de plus en plus détachée des honneurs et des biens périssables qui ne sauraient remplir le cœur.

Notre Saint avait assez témoigné à Dieu sa fidélité dans un état prospère; il fallait qu'il lui donnât des preuves de sa constance dans l'adversité. La divine Providence lui en fournit les moyens en le soumettant à une des épreuves les plus délicates. Reims avait perdu son digne archevêque. Manassès II venait d'usurper ce grand siége par des voies simoniaques.

Connaissant assez la droiture de Bruno pour ne pouvoir espérer de le maîtriser par la crainte, l'intrus s'efforça de le séduire par la bienveillance et les faveurs. Mais Bruno devina aisément les véritables intentions du prélat. Cependant sachant unir la prudence à la force chrétienne, il lui représenta avec une sainte liberté combien sa conduite était répréhensible devant Dieu et devant les hommes, et quelles malédictions elle lui préparait. Vains efforts : autant le cœur de Bruno était à Dieu, autant celui de Manassès était au monde. Sa conduite excitant de plus en plus les plaintes de son clergé et de ses diocésains, il fut cité par Hugues de Die, légat du Saint-Siége, à un concile qui devait se tenir prochainement à Autun. Bruno, le prévôt et un autre chanoine de l'église de Reims s'y portèrent pour ses accusateurs. Le prélat inique n'osa pas s'y présenter, et fut, en conséquence des dépositions faites contre lui, suspendu de ses fonctions. La manière dont ses accusateurs procédèrent dans cette occasion leur attira l'estime du légat, qui, en écrivant au souverain Pontife pour lui rendre compte de ce qui s'était passé au Concile, fit leur éloge en ces termes : « Nous vous recomman-
» dons Bruno qui préside aux écoles de Reims, et
» dont la vie est irréprochable. Il mérite, ainsi que

» le prévôt de cette église, que vous le souteniez de
» votre autorité; car ils ont souffert pour le nom de
» Jésus-Christ. Il faudrait mettre sur le siége de
» Reims ou le prévôt ou Bruno. »

Pour se venger du coup qui venait de le frapper, l'archevêque fit enfoncer les maisons des trois chanoines, piller leurs biens et vendre leurs prébendes. Vivement contristé de toutes ces vexations, le légat se hâta de terminer une affaire si malheureuse. Il convoqua dans cette vue un nouveau concile à Lyon. Manassès fut invité à s'y présenter pour défendre sa cause. Mais le coupable, se sentant condamné d'avance, allégua plusieurs prétextes pour ne pas s'y rendre; ce qui n'empêcha pas le légat de prononcer en plein concile la sentence de déposition, sentence qui fut confirmée par le Pape. Forcé enfin d'abandonner le siége archiépiscopal de Reims, Manassès erra de pays en pays, et l'on ignore en quel lieu il est mort. Fasse le ciel que, revenu à de meilleurs sentiments, il ait expié par la pénitence tous les scandales qu'il avait donnés.

Le siége de Reims resta vacant deux ans environ. Dans la position où se trouvait cette église, un digne successeur de Saint-Rémi lui était nécessaire; on crut le trouver dans Bruno. « Nous le préférions à tous,

» dit un auteur du temps, et à juste titre. Il était
» doux, humain, savant, éloquent, riche et puissant.
» Mais lorsque tous les suffrages paraissaient lui être
» favorables, il se détermina à tout abandonner pour
» suivre Jésus-Christ. »

Bruno en effet ne voyant point d'autre moyen de se soustraire au redoutable fardeau qu'on voulait lui imposer, s'enfuit secrètement de Reims. Il vint à Paris, et ce fut dans cette ville qu'il songea à s'acquitter du vœu d'embrasser la vie religieuse qu'il avait fait, et que des causes indépendantes de sa volonté ne lui avaient pas permis d'accomplir jusqu'alors, ainsi qu'on le verra plus bas. Il aurait même été, d'après une ancienne tradition qui est aussi celle de l'Ordre, déterminé à ne plus différer par suite d'un événement miraculeux qui se serait passé sous ses yeux.

Suivant cette tradition, étant à Paris il aurait fait connaissance avec l'un des docteurs les plus distingués de l'Université de cette ville, nommé Raymond Diocrès. Ce docteur vivait entouré de la considération publique : estimé pour l'étendue de son savoir et l'apparente régularité de ses mœurs, il professait avec succès, il prêchait avec éloquence. Jusqu'à sa dernière heure, rien ne parut démentir la bonne opinion qu'on avait conçue de lui. Quand il fut mort, on voulut célébrer ses funérailles avec une pompe digne de son rang et de sa haute renommée. Son service se fit dans l'église métropolitaine de Notre-Dame, en présence d'un grand concours où se trouvaient plusieurs personnes de distinction. Comme on récitait l'office des morts autour du cercueil et qu'on en fut à ces paroles de Job : *Responde mihi quantas habeo iniquitates et peccata!* faites-moi connaître, Seigneur, quel est le nombre de mes péchés et de mes iniquités, le docteur se ranima subitement, et se levant sur son séant, il dit d'une voix sépulcrale : *Je suis accusé par le juste jugement de Dieu.* Tous les assistants furent glacés d'effroi, l'office fut suspendu; et la cérémonie ayant été remise au lendemain, au même verset, le mort se souleva de nouveau, en disant : *Je suis jugé par le juste jugement de Dieu.* La cérémonie fut encore renvoyée au jour suivant. Une foule nombreuse attirée par le bruit répandu partout dans Paris de ce prodige deux fois répété, remplissait la vaste nef de la métropole. Lorsqu'on recommença de chanter la leçon de Job, tout le monde était attentif et l'anxiété se peignait sur tous les visages. A ce moment, le mort se relevant une troisième fois fait entendre avec un geste horrible cette fatale sentence : *Je suis condamné par le juste jugement de Dieu.* Tout consterné de cet effrayant prodige, Bruno rentre chez lui, et, après de sérieuses réflexions, la crainte d'avoir un jour le sort du malheureux Diocrès le fait renoncer au monde.

Cette légende, aujourd'hui même, n'est pas entièrement repoussée par tous les critiques qui s'occupent d'histoire ecclésiastique (1). Admise pendant quelque temps dans le bréviaire romain, elle en fut retranchée par Urbain VIII. Les toiles de Le Sueur, qu'on n'effacera pas, l'ont immortalisée.

Quelques auteurs, rejetant ce fait miraculeux, font remonter la vocation de notre Saint pour la vie religieuse à la persécution qui lui fut suscitée par Manassès. Quant à nous, nous embrassons le sentiment (2)

(1) La controverse sur l'authenticité de cette légende a enfanté un grand nombre de volumes. On peut voir l'analyse qu'en donne le P. de Tracy, et, dans un sens opposé, en faveur de la réalité du miracle, la vie de saint Bruno par le P. Ducreux, chartreux.

(2) Voici une autre explication de la conversion de saint Bruno ; elle est empruntée à des manuscrits latins de l'abbaye de la Chaise-Dieu cités par M. Dominique Branche, p. 161 de son ouvrage intitulé l'*Auvergne au moyen âge*, 1842 :

« Pendant que Seguin, abbé de la Chaise-Dieu, se trouvait à
» Reims occupé à réformer l'abbaye de Saint-Nicaise, il se lia d'ami-
» tié avec Bruno, chanoine primatial, le dégoûta du monde, et lui
» suggéra l'idée de se retirer au désert. Dans ce but, il l'envoya avec
» de pressantes recommandations à Hugues, évêque de Grenoble,

du P. de Tracy, son meilleur Biographe, en nous fondant sur un passage d'une lettre de Bruno lui-même. Voici ce passage : « Souvenez-vous du jour, écrit-il
» à son ami Raoul le Vert, où j'étais avec vous et
» Fulcius dans le jardin contigu à la maison d'Adam,
» dans laquelle je demeurais alors. Nous eûmes un
» entretien sur les faux plaisirs et sur les richesses
» périssables de la terre, ainsi que sur les délices de
» la gloire éternelle, et nous fîmes la promesse et le
» vœu d'abandonner le siècle au plus tôt (*in proximo*)
» et de revêtir l'habit monastique. Nous aurions sans
» retard exécuté ce vœu, si Fulcius n'eût pas eu à
» faire sur-le-champ le voyage de Rome. Mais Ful-
» cius ayant différé quelque temps son retour, l'amour
» a commencé à languir dans votre âme, le courage
» s'est refroidi et la ferveur s'est évanouie, etc. »

Suivant une vieille tradition, Bruno, avant de dire au monde un dernier adieu, remonta dans sa chaire de théologie à Reims. Mais au lieu d'aborder comme autrefois les subtilités de la scolastique ou d'entrer dans les profondeurs du dogme, tout rempli de ses

» autrefois moine de la Chaise-Dieu (il y avait été un an), qui lui
» concéda une âpre vallée des Alpes, etc. »
Le même fait se trouve rapporté dans les annales des Bénédictins, t. v, p. 208.

méditations nouvelles, il ne prêcha plus que le renoncement aux vanités du monde. « Mes yeux, di-
» sait-il avec le psalmiste, mes yeux devançaient les
» sentinelles de la nuit; mon âme était remplie de
» trouble et je ne pouvais parler. J'avais dans ma pen-
» sée les années éternelles. Je me suis éloigné par la
» fuite et j'ai demeuré dans la solitude. » Il commentait ces paroles et jamais il n'avait parlé avec plus d'autorité et d'inspiration. L'impression qu'il produisit fut si vive, que, croyant avoir entendu la voix de Dieu même, quelques-uns de ses auditeurs déclarèrent qu'ils suivraient Bruno partout où il voudrait se retirer. Ils remplacèrent ainsi pour lui Fulcius et Raoul, qui n'avaient pas persisté dans leur vocation.

Quelque versé qu'il fût dans la théologie et les sciences sacrées, Bruno ne se crut pas dispensé pour cela de chercher un guide dans la voie nouvelle où il voulait entrer. Il le trouva dans saint Robert, récemment nommé abbé de Molesmes, et qui fonda plus tard l'ordre de Cîteaux. Bruno eut de fréquents entretiens avec les religieux de Molesmes et leur vénérable Supérieur. Il y puisa de grandes lumières sur le véritable esprit de la vie érémitique et contemplative. Deux clercs, Pierre et Lambert, qui étaient au nombre des compagnons que Bruno avait amenés de

Reims, fondèrent eux-mêmes une maison religieuse dans une terre appelée Sèche-Fontaine, au diocèse de Langres. Les uns croient que Bruno alla passer quelque temps avec ses deux disciples, les autres qu'il ne quitta l'abbaye de Molesmes que pour se rendre dans les Alpes du Dauphiné. Six personnes voulurent s'associer à sa sainte entreprise. C'étaient Lauduin, natif de la Toscane, qui lui succéda dans le gouvernement de la Maison mère; Etienne de Bourg et Etienne de Die, tous deux chanoines de saint Ruf à Valence, Hugues, dit le Chapelain, André et Guérin, laïques. Bruno, avant de les admettre avec lui, chercha à éprouver leur vocation par une peinture énergique des privations de toute espèce auxquelles ils allaient se vouer dans la solitude; mais rien ne put les détourner de leur généreuse détermination.

A la suite du dernier entretien qu'il eut avec eux sur ce sujet, Bruno passa toute la nuit en oraison. Vers le matin il s'endormit, et, d'après une légende qui a été encore illustrée par le pinceau poétique de Le Sueur, trois Anges lui auraient apparu en songe pour lui annoncer que ses travaux seraient bénis. Bruno s'éveille, va faire part à ses compagnons de cette vision prophétique, et alors leur commun départ est résolu sur-le-champ.

Sans doute s'il se dirigea vers le Dauphiné, c'est parce qu'il espérait découvrir dans les montagnes de cette contrée une solitude assez reculée et assez âpre pour devenir le théâtre des austères exercices auxquels il voulait se livrer sous les yeux de Dieu seul. De plus, il se flattait de trouver dans saint Hugues, évêque de Grenoble, et qui avait autrefois suivi ses leçons à Reims, un bienveillant et zélé protecteur.

Or, vers ce temps-là, saint Hugues eut aussi de son côté une vision que nous allons rapporter. Il fut transporté en esprit, pendant les ténèbres de la nuit, au milieu des montagnes de Chartreuse (1). Là, dans des clairières entourées de sombres forêts et surmontées de rochers menaçants, au sein d'un désert sillonné par des avalanches, il lui sembla que le Seigneur se construisait un temple magnifique au milieu de cette espèce de chaos. En même temps il crut voir sept étoiles brillantes s'arrêter sur le faîte de cet édifice, et le revêtir d'une pure et mystérieuse lumière (2).

(1) Ce sont ces montagnes qui ont donné leur nom à l'Ordre des Chartreux.
(2) Ce fait a été admis par plusieurs auteurs très-distingués, entre autres par l'abbé Fleury et par Baillet, critique d'une sévérité poussée souvent jusqu'à l'excès et surnommé le *Dénicheur de Saints*.

Le lendemain, Bruno et les six pèlerins qui l'accompagnaient vinrent se jeter aux pieds de l'évêque de Grenoble. Fuyant les scandales et la corruption d'un siècle pervers, nous avons, dirent-ils, été attirés vers vous par la renommée de votre sagesse et par la bonne odeur de vos vertus. Bruno, reconnu et accueilli avec le plus vif intérêt par son ancien disciple, ajouta : Recevez-nous dans vos bras; conduisez-nous à la retraite que nous cherchons.

Hugues, ému d'un pareil spectacle, releva et embrassa ces pieux étrangers. Il leur fit une réception pleine de charité, et il comprit alors que l'apparition des sept étoiles était le présage divin de leur arrivée, et qu'elle indiquait le lieu où ces émules des Hilarion et des Antoine devaient arrêter leurs pas et fixer leur séjour.

Néanmoins le saint prélat voulut éprouver la fermeté de leur résolution par la peinture fidèle du lieu que, d'après sa vision de la nuit précédente, le ciel paraissait leur destiner pour demeure. Vous ne trouverez là, leur dit-il, qu'un site affreux, un repaire de bêtes féroces. De toutes parts ce sont des forêts immenses, des montagnes qui élèvent leurs sommets jusque dans les nues. La terre, couverte de neige pendant la plus grande partie de l'année, ne produit aucune espèce de fruit. Le silence des bois, le bruit des torrents souvent grossis par les orages ou les avalanches, tout y excite la tristesse, tout y inspire l'effroi. Pensez-y bien : pour y fixer à jamais votre demeure, il faut une grâce de Dieu toute particulière.

Un pareil tableau, loin de les décourager, ne servit qu'à leur donner plus d'ardeur, et les porta à bénir hautement la divine Providence, qui semblait leur avoir choisi elle-même une solitude telle qu'ils la désiraient.

Hugues les retint quelques jours à Grenoble, et il eut avec eux, principalement avec Bruno, de longs entretiens sur les choses du ciel. Puis, peu de temps avant la nativité de saint Jean-Baptiste, dont ces nouveaux anachorètes se proposaient de retracer le genre de vie et la pénitence, il les conduisit lui-même dans le lieu désigné par l'apparition des sept étoiles. Ils cheminèrent à travers les forêts et les précipices jusqu'à un endroit très-sauvage, surtout alors, et où sont accumulés d'énormes fragments de rochers brisés. C'est là qu'il les laissa, après leur avoir souhaité toutes les bénédictions du ciel dans leur sainte entreprise.

Après le départ du prélat, leur premier soin dut être de se bâtir quelques cabanes de bois ou de branchages. A côté de celle de Bruno, ils disposèrent un oratoire dans une espèce de grotte. Notre Saint y rassemblait ses compagnons pour prier et pour chanter les louanges de Dieu. C'est maintenant là qu'est située la chapelle de saint Bruno. On voit au pied du rocher jaillir une source très-abondante, dont la tradition attribue l'origine aux prières du saint fondateur. Quelques-uns pourtant pensent que ce fut saint Hugues qui opéra ce miracle. Nous ne prétendons pas en garantir l'authenticité.

Mabillon rapporte que Bruno avait coutume de s'éloigner pendant une portion de la journée du lieu où étaient sa cabane et celles de ses compagnons, et de s'enfoncer plus avant encore dans la forêt. Là il cherchait les endroits les plus reculés et les plus sauvages, pour s'y livrer à la méditation et à la contemplation des choses divines.

Cependant l'évêque de Grenoble employait sa haute influence pour obtenir aux nouveaux solitaires la propriété du Désert au milieu duquel ils avaient établi leur demeure. Séguin, abbé du monastère de la Chaise-Dieu, était celui qui y avait les droits les plus étendus. Il était trop au-dessus de tout sentiment de jalousie, pour ne pas accéder facilement à la demande du prélat. D'autres seigneurs qui avaient également des droits sur ces montagnes, ne se montrèrent pas moins bienveillants que Séguin dans la cession qu'ils en firent à Bruno et à ses compagnons.

Ceux-ci eurent bientôt la consolation de revoir leur protecteur, qui revint au Désert pour y consacrer une église construite à ses frais sous la direction de Bruno. Il la dédia à la sainte Vierge et à saint Jean-Baptiste. Cette église occupait l'emplacement où se trouve aujourd'hui Notre-Dame *de Casalibus*. Il ne s'en tint pas là; et à la place des humbles cabanes où Bruno et ses compagnons avaient cherché un abri dans les premiers temps de leur arrivée, il leur fit construire des cellules plus solides et plus commodes, quoique toujours de bois. Il finit même, quelques années après, par leur faire bâtir un monastère régulier.

Voici comment Guibert, abbé de Nogent, qui avait visité la Chartreuse en 1104, décrit ce monastère et raconte la vie des religieux qui l'habitaient.

« Leur église est bâtie près du sommet de la mon-
» tagne. Ils ont un cloître assez commode; mais ils ne
» demeurent pas ensemble comme les autres moines.
» Chacun a autour du cloître sa cellule, où il tra-
» vaille, dort et prend sa réfection. Ils reçoivent le
» dimanche du dépensier pour nourriture du pain et

» des légumes, qui sont leurs seuls mets, et qu'ils
» cuisent chez eux. Ils ont dans leur cellule, de l'eau
» qui y vient par des conduits souterrains. Ils peu-
» vent les dimanches et les jours de fête manger du
» fromage et du poisson, mais ils ne font usage du
» poisson, qu'autant qu'on leur en donne : car ils n'en
» achètent point. Ils n'ont ni or ni argent dans leurs
» ornements d'église; il n'y a que le calice qui soit
» d'argent. Ils ne viennent pas à l'église à toutes les
» heures de l'office, comme nous qui suivons la règle
» de saint Benoît. Ils ne parlent presque jamais. S'ils
» usent de vin, il est si trempé qu'il n'a aucune force :
» il n'est guère meilleur que de l'eau. Ils portent le ci-
» lice sur la chair; les autres vêtements se réduisent à
» peu de chose. Quoiqu'ils soient pauvres, ils ont
» cependant une riche bibliothèque. Le comte de Ne-
» vers étant allé les visiter par dévotion, eut pitié de
» leur pauvreté. Il leur envoya à son retour de l'ar-
» genterie de grand prix : ils la lui renvoyèrent, et
» le comte, édifié de ce refus, leur fit donner des
» cuirs et des parchemins, qu'il savait leur être né-
» cessaires pour transcrire des livres. » On voit par
ces derniers mots que le principal travail de ces solitaires était de copier des livres, genre d'occupation

très-utile dans un temps où l'art de l'imprimerie n'était pas encore découvert.

Nous croyons devoir extraire encore les détails suivants d'une description de la vie des chartreux par Pierre le Vénérable, abbé de Cluny, autre contemporain.

« Ils ne mangent jamais de chair, même lorsqu'ils
» sont malades... Le lundi, le mercredi et le ven-
» dredi, leur abstinence est si rigoureuse, qu'ils n'ont
» ces jours-là pour toute nourriture que du pain et
» de l'eau. Ils pratiquent un grand désintéressement,
» ne voulant rien posséder au delà des termes qu'ils
» se sont prescrits. Ils nourrissent des bœufs, des
» chèvres, des brebis pour pourvoir à leur subsis-
» tance... Ils ont même déterminé le nombre de leurs
» bestiaux pour ne pas s'enrichir. »

Nous voyons dans la *Vie de saint Hugues* par le vénérable Guigues, 5e prieur de la Grande-Chartreuse, que cet excellent prélat allait de temps en temps reposer son âme fatiguée par la contention des affaires administratives auprès de Bruno, qu'il prenait pour directeur de ses exercices spirituels. Quelquefois il se laissait absorber et s'oubliait tellement dans les douceurs de la vie contemplative, que notre Saint se croyait obligé de l'engager à rendre plus courtes ses retraites trop prolongées pour un pontife chargé du soin d'un vaste diocèse, et à quitter sa modeste cellule pour aller reprendre le soin de son troupeau.

Le chef des nouveaux solitaires, dont la petite communauté s'était accrue de quelques membres, avait passé plusieurs années dans une paix profonde. Il croyait que les rochers presque inaccessibles qui l'entouraient, l'obscurité et l'humilité de sa vie, mettaient entre lui et le monde d'invincibles barrières. Il est vrai que les bruits de ce monde lui parvenaient difficilement; mais il n'y était pas oublié.

Au milieu de circonstances difficiles pour l'église, Eudes, ou Odon, né à Châtillon-sur-Marne, et ancien chanoine de Reims, fut élevé sur le Saint-Siége le 12 mars 1088 sous le nom d'Urbain II. La chrétienté était alors déchirée par le schisme. Un antipape, appelé Guibert, était soutenu par l'empereur Henri IV. Urbain II, qui avait été élève de Bruno à Reims, se souvint de son ancien maître, et le manda auprès de lui pour l'aider de ses conseils dans les pénibles conjonctures où il se trouvait placé: il ajouta pour couper court à toute difficulté, qu'il le lui ordonnait, s'il le fallait, en qualité de chef de l'Eglise.

Le jour où arriva la lettre du souverain pontife fut

un jour de deuil parmi les disciples de notre Saint. L'idée du départ de leur père spirituel leur fit verser plus de larmes que la mort d'un père chéri n'en arrache à ses enfants. Lui-même eut besoin de toute sa force d'âme pour ne pas se laisser ébranler par des témoignages si touchants de tendresse. Il crut diminuer leurs regrets en nommant pour le remplacer pendant son absence, Lauduin, l'un de ceux qui s'étaient associés à lui dès le commencement. Mais quand ils le virent s'éloigner, leurs plaintes redoublèrent, et ils ressentirent une de ces douleurs qui semblent ne pouvoir être apaisées ni adoucies par aucune espèce de consolation. Cependant Bruno se hâta de se rendre à Rome pour obéir aux ordres d'Urbain II.

Le Saint-Père l'accueillit avec de grandes marques d'estime et d'affection; il voulut même qu'il fût logé dans son palais. Il n'y avait pas longtemps que notre Saint était à Rome, quand il apprit avec une vraie douleur que ses frères de Chartreuse ne pouvant supporter leur solitude depuis qu'il n'y était plus, l'avaient abandonnée. Plusieurs d'entre eux vinrent le trouver. Quand ils arrivèrent auprès de lui, Bruno les reçut avec une bienveillance mêlée de tristesse, pour leur faire comprendre que sans avoir cessé de les aimer, il ne pouvait pourtant voir qu'avec peine qu'ils eussent si facilement quitté leur retraite. Ils ne tardèrent pas à s'apercevoir eux-mêmes qu'ils avaient été les jouets d'une véritable illusion, ouvrage de l'esprit de mensonge. Ils se repentirent alors vivement de leur démarche inconsidérée, et regrettèrent la solitude que Dieu leur avait choisie. Bien différents de ces Israélites qui, au milieu des sables du désert, murmuraient en se rappelant les fruits savoureux de l'Egypte, pour eux, ce qui se retraçait continuellement à leur imagination, ce qui excitait leurs regrets les plus amers, c'étaient leurs abstinences et les autres exercices de pénitence et de mortification qui avaient rempli leurs journées dans les montagnes du Dauphiné. Urbain II les engagea lui-même à retourner dans leur tranquille retraite, et il leur facilita les moyens de faire ce voyage.

Bruno cependant retint auprès de lui quelques-uns d'entre eux, parmi lesquels se trouvaient Lambert et Landvin de Normandie, qui lui succéda dans le gouvernement de la maison de Calabre. Les autres religieux, sous la conduite de Lauduin de Toscane, leur prieur, revinrent à la Chartreuse. Quelques-uns de leurs frères les rejoignirent peu de temps après; et alors tous ensemble reprirent avec une nouvelle ardeur leurs pratiques austères et leurs pieux exercices.

Bruno, qui n'avait pu les suivre de sa personne, ne cessa de les suivre de ses prières et de ses conseils. Lui-même gémissait de se trouver jeté au milieu d'une vie si différente de celle qu'on lui avait fait quitter, et au sein du riche palais d'Urbain II il soupirait après la paix et l'obscurité de sa grotte solitaire. Le pape aimait à l'avoir auprès de lui, et, en présence même des princes temporels, il lui témoignait une considération et une déférence marquées. Les seigneurs Normands qui avaient conquis la Pouille et chassé les Grecs de la Calabre, frappés de la haute réputation du saint confident du chef de l'Eglise, le demandèrent pour archevêque de Reggio. Bruno refusa encore cette fois les honneurs devant lesquels son humilité fuyait toujours, et il fit élire à sa place pour ce siége important un religieux bénédictin du monastère de la Cava, appelé Rangier. C'était aussi un de ses anciens disciples de Reims.

Urbain II, cherchant à s'attacher les nouveaux conquérants du midi de la péninsule italique, alla faire un long séjour en Calabre. Là, Bruno eut occasion d'entrer en relation avec le comte Roger (1), qui ne

(1) Il est nécessaire de faire connaître en peu de mots ce seigneur,

tarda pas à concevoir pour lui une haute estime. Dans ses entretiens avec ce seigneur, il ne dissimulait pas combien la vie du monde lui pesait, et combien il regrettait le Désert d'où une volonté sacrée l'avait arraché malgré lui. Le comte lui offrit alors de choisir dans ses états le lieu de retraite qui lui conviendrait le mieux, et, pour le moment où les liens qui

qui va reparaître plus d'une fois dans la suite de cette histoire. On sait les exploits presque fabuleux des fils de Tancrède, qui, venus de Normandie avec moins de 500 hommes d'armes, défirent plus de 60,000 Grecs dans les plaines de la Pouille, et soumirent cette province, ainsi qu'une partie de la Calabre. Le plus célèbre de ces chevaliers était Robert Guiscard. Roger son plus jeune frère, qui, encore dans l'adolescence, n'avait pu prendre part à ces premières expéditions, ne tarda pas à le rejoindre, et devint bientôt son digne émule dans le métier des armes. Il eut de si prodigieux succès et fit dans le midi de la Calabre des conquêtes si rapides et si multipliées, que son frère en fut jaloux, et voulut lui en arracher une portion. Cette mésintelligence cessa bientôt, et alors Roger alla cueillir des palmes nouvelles sur les rivages de Sicile. Là, il eut affaire à de plus rudes adversaires que les Grecs, aux Sarrasins. Cependant, à la tête de 300 soldats, il en mit en fuite plus de 6000, s'empara de Messine et de Palerme, et ramena en Calabre comme esclaves un grand nombre de ces infidèles qu'il avait faits prisonniers. Robert Guiscard étant mort, il devint le plus illustre et le plus puissant de ces nobles aventuriers, qui, avec une poignée d'hommes, réduisaient à merci des nations entières.

le retenaient captif seraient rompus, il le pressa d'accepter un territoire, appelé *La Tour*, dans le diocèse de Squillace. De son côté, le pape qui s'était déjà aperçu qu'il ne pouvait garder plus longtemps notre Saint à sa cour sans le faire manquer aux desseins de Dieu sur lui, finit par consentir, bien qu'avec regret, à son éloignement. Il approuva donc la proposition du comte Roger, parce qu'il aimait encore mieux savoir Bruno dans un ermitage où il l'aurait plus facilement à sa portée que de lui voir nourrir la pensée de retourner dans les montagnes de Chartreuse.

Afin de bien apprécier les sentiments religieux et la vénération du seigneur Normand pour Bruno et ses compagnons, il est bon de connaître les termes mêmes de son acte de donation. En voici la traduction exacte:

« Roger, par la grâce de Dieu, comte de Calabre
» et de Sicile, salut en Notre-Seigneur à tous les fi-
» dèles de ses Etats, et à tous ceux qui sont dans le
» sein de l'Eglise. Nous voulons vous faire savoir
» que, par la miséricorde de Dieu, des hommes pé-
» nétrés et embrasés de zèle pour la religion, savoir
» Bruno et Landvin, sont venus avec plusieurs de
» leurs compagnons de la France à notre terre de

» Calabre, et ayant méprisé toutes les vanités du
» monde se sont décidés à ne vivre que pour Dieu.
» Connaissant leurs pieux désirs et voulant être aidé
» de leurs prières, j'ai obtenu avec beaucoup de peine
» de leur affection qu'ils choisiraient dans mes terres
» le lieu qui serait le plus propre au service de Dieu.
» Ils y ont choisi une solitude au diocèse de Squil-
» lace. Je leur donne ce lieu pour y servir Dieu, à
» eux et à leurs successeurs. »

Voici maintenant comment la légende, toujours plus dramatique et plus colorée, raconte la fondation du monastère de la *Tour* en Calabre.

Bruno se serait retiré avec ses compagnons dans des grottes creusées par la nature aux flancs d'une montagne couverte de forêts. Un jour qu'il priait au fond de sa grotte, le comte Roger qui était à la chasse dans les environs, s'écarta de sa suite; il était précédé par des chiens dont les aboiements étranges dans un fourré de bois semblaient lui révéler quelque proie inconnue. Il descend de cheval, il s'approche, il entre dans la grotte. Quelle est sa surprise en y trouvant un religieux agenouillé sur la mousse aux pieds d'un autel taillé dans le roc! Roger aborde le saint solitaire, et trouve un charme ineffable dans son entretien. Il s'empresse alors de lui donner la terre qui environne son ermitage, et lui fait construire dans le voisinage deux grandes et belles églises.

Cette légende qui ne s'appuie sur rien de solide a été adoptée par Le Sueur, parce qu'elle se prêtait merveilleusement aux inspirations de son pinceau. On sait depuis longtemps que les peintres ont les mêmes priviléges que les poëtes.

Bruno ne put pas dans son nouvel établissement de la *Tour*, se sevrer comme à la Chartreuse de tout contact avec le siècle. Il restait toujours, comme nous l'avons dit, à la disposition du souverain pontife; et trop souvent obligé de quitter sa retraite, il vivait tantôt dans sa cellule et tantôt dans le monde. Urbain le fit venir à plusieurs conciles, parmi lesquels nous citerons ceux de Bénévent, de Troyes dans la Pouille et de Plaisance.

Depuis ce dernier concile, Bruno ne s'occupa plus des affaires de l'Eglise, et il alla se renfermer à la *Tour* dans les exercices et les pratiques qu'il n'avait jamais interrompus qu'avec peine. Voici comment lui-même décrit la position de son monastère de Calabre, dans une lettre adressée à son ancien ami Raoul le Vert. Nous allons donner une traduction nouvelle de la plus grande partie de cette lettre. Ce sera en même temps faire connaître, par un monument irrécusable, la douce aménité et la sensibilité exquise du fondateur de l'ordre des Chartreux.

« Au vénérable seigneur Raoul, prévôt de Reims,
» pour observer les lois d'une charité sincère, salut
» de la part de Bruno.

» La fidélité d'une vieille amitié est d'autant plus
» belle et plus louable en vous, qu'elle est plus rare
» parmi les hommes. Quoique nous ayons été sépa-
» rés corporellement par une grande distance et par
» un espace de temps plus grand encore, cependant
» rien n'a pu arracher de votre âme les sentiments
» d'affection pour votre ami. Vous m'en avez donné
» des preuves non-seulement par vos lettres si dou-
» ces et si flatteuses, mais encore par les services
» que vous avez rendus, à cause de nous, à notre
» frère Bernard, et par d'autres actes de bonté que
» nous ne rappelons pas ici. Nous vous adressons à
» ce sujet le témoignage d'une reconnaissance qui
» ne peut égaler vos bienfaits, mais qui du moins
» émane du fond du cœur. Nous vous avons écrit, il
» y a quelque temps, par un voyageur qui a été as-
» sez fidèle dans d'autres messages; mais nous ne sa-
» vons ce qu'il est devenu. Cette fois, nous avons
» jugé à propos de vous envoyer un de nos frères,

» afin de satisfaire votre sollicitude pour nous et
» pour ce qui nous entoure, en complétant par des
» explications de vive voix ce que l'encre et la plume
» ne peuvent jamais rendre que d'une manière in-
» suffisante.

» Nous répondrons donc au tendre intérêt que
» vous nous témoignez, afin de ne pas être soupçon-
» nés d'y être insensible, que nous n'avons rien à
» désirer sous le rapport de la santé du corps (plût
» à Dieu qu'il en fût de même de celle de l'âme), et
» que, pour le temporel, tout va au gré de nos vœux.
» Je supplie la Providence d'étendre sur moi sa main
» miséricordieuse, de guérir toutes mes infirmités
» morales et de rassasier mon ardeur pour les biens
» spirituels. Je me suis fixé sur les frontières de la
» Calabre, dans un ermitage situé à une assez grande
» distance de toute habitation humaine. Je suis là
» avec plusieurs religieux, mes frères. Parmi eux,
» quelques-uns sont remarquables par leur savoir.
» Tous attendent dans leurs saintes veilles la venue
» du Seigneur, afin d'être prêts à lui ouvrir quand il
» frappera à leur porte. Cette solitude est dans une
» position riante. L'air y est doux et pur. La plaine
» spacieuse qui l'entoure s'étend gracieusement au
» milieu d'une vaste enceinte de montagnes : elle est

» couverte de prairies verdoyantes et de pâturages
» émaillés de fleurs. Comment pourrai-je décrire
» cette perspective qu'offrent les collines s'élevant
» en pente douce les unes au dessus des autres, ces
» vallons retirés tout couverts de fraîcheur et d'om-
» brages, ces fontaines, ces ruisseaux, qui sillonnent
» la campagne, ces jardins toujours arrosés par de
» petits canaux, ces arbres qui portent en abondance
» des fruits si beaux et si variés. Mais pourquoi
» nous arrêter si longtemps à de pareilles descrip-
» tions? N'y a-t-il pas parmi nous d'autres occupa-
» tions pour un homme sage, plus agréables et plus
» utiles tout à la fois, puisqu'elles se rapportent à
» Dieu? Reconnaissons cependant que ces admira-
» bles spectacles de la nature délassent et raniment
» nos faibles esprits, fatigués par l'observance
» d'une règle sévère et par des exercices spirituels
» souvent répétés. Car si l'arc est toujours tendu, il
» se relâche et devient moins propre à remplir son
» office. Quant aux avantages et à la douceur que
» procurent la solitude et le silence du Désert, ceux
» qui en ont l'expérience en connaissent seuls tout
» le prix. C'est là que des hommes généreux peuvent
» rentrer dans leur intérieur et habiter avec eux-
» mêmes autant qu'il leur plaît, cultiver sans relâ-

» che les germes de toutes les vertus, et avoir quel-
» que avant-goût de ces fruits dont on ne se rassa-
» sie pleinement qu'au paradis. C'est là qu'on ap-
» prend à regarder le divin époux de ce regard se-
» rein qui va jusqu'à son cœur. Là on s'adonne à un
» loisir occupé et on se repose dans une action sans
» agitation. Là Dieu récompense les travaux de ses
» athlètes par cette paix que le monde ignore et par
» la joie dans le Saint-Esprit. Là on trouve cette belle
» Rachel, plus aimée de Jacob que Lia quoiqu'elle
» soit moins féconde. Là encore est cette meilleure
» part que Marie a choisie et qui ne lui sera point
» enlevée... Plût au ciel, frère chéri, que cet amour
» de Dieu dans la solitude pût vous réchauffer de
» ses chastes ardeurs! Si une fois il venait à s'empa-
» rer de votre âme, bientôt cette grande séductrice,
» la gloire du monde, vous paraîtrait vile : vous re-
» jetteriez comme un fardeau incommode ces riches-
» ses dont la possession est toujours inquiète... »

En finissant, Bruno appuie fortement sur la position particulière où se trouve son ami, et sur l'obligation étroite où il est de tenir les promesses faites à Dieu lui-même.

« Si vous ne me croyez pas, dit-il, croyez du
» moins au prophète, à qui le Saint-Esprit a inspiré

» ces paroles : Faites des vœux à votre Dieu et rem-
» plissez-les, vous tous qui lui apportez des présents
» dans son enceinte sacrée, à ce Dieu qui enlève la
» vie aux princes, à ce Dieu terrible aux rois de la
» terre. C'est pourquoi, ajoute le saint solitaire, ne
» vous laissez pas retenir par les liens des richesses
» qui ne sauraient vous sauver d'une indigence éter-
» nelle. Ne vous laissez pas retenir par vos dignités
» ecclésiastiques, qui entraînent pour votre âme une
» si périlleuse responsabilité. Pour les choses dont
» vous devez être l'administrateur et non le posses-
» seur, il serait aussi odieux qu'injuste de les dé-
» tourner à votre profit... L'archevêque de Reims
» s'appuie sur vos conseils pour le gouvernement
» de son diocèse : mais il n'est pas toujours facile
» de n'en donner que d'utiles et de prudents. D'ail-
» leurs la confiance qu'il vous témoigne, vous donne-
» t-elle le droit d'éluder les promesses que vous
» avez faites au Seigneur?... Plaise à Dieu que vous
» ne méprisiez pas les avertissements d'un ami!
» Plaise à Dieu que vous ne fermiez pas l'oreille aux
» paroles du Saint-Esprit! Fasse le ciel, mon tendre
» ami, que vous mettiez un terme à ma longue at-
» tente, aux inquiétudes que me donne votre salut,
» aux tourments que mon âme souffre pour vous!

» Je désirerais vivement qu'en faisant un pèlerinage
» à Saint-Nicolas, vous vinssiez jusqu'au milieu de
» nous : vous y verriez celui qui vous porte dans son
» cœur... J'espérerais de la bonté divine que vous
» ne vous repentiriez pas d'avoir entrepris un si pé-
» nible voyage. Je sens que j'ai excédé les bornes
» ordinaires d'une lettre; mais ne pouvant jouir de
» votre présence corporelle, j'ai voulu rester par la
» pensée plus longtemps avec vous. Je souhaite,
» mon cher frère, que vous ayez longue vie et
» santé, vous souvenant de mes avis et n'oubliant
» pas votre vœu. Tâchez de m'envoyer la vie de
» S. Remi, que l'on ne trouve nulle part dans nos
» contrées. Adieu. »

On a cru longtemps que Raoul le Vert avait résisté à toutes les instances de Bruno. Le fait est qu'il ne vint pas le rejoindre en Italie; mais on a trouvé des titres authentiques qui prouvent qu'il se fit religieux à l'abbaye de Saint-Remi. Après avoir passé quelques années dans la vie monastique, Raoul fut appelé au siége de Reims par des suffrages unanimes. Il fut sacré en 1108, et gouverna son église pendant seize ans.

Dans son ermitage de Calabre, Bruno continuait d'être ainsi que ses compagnons l'objet de la protection attentive et de la profonde vénération du comte Roger. Ce seigneur les consultait et se recommandait à leurs prières dans toutes les entreprises importantes. Il donna une nouvelle preuve de son affection pour eux en voulant que notre Saint baptisât le second enfant que lui donnait Adélaïde, marquise de Montferrat, sa femme en troisièmes noces, et que Landvin en fût le parrain. Les deux religieux ne crurent pas pouvoir se refuser à cette invitation de leur bienfaiteur. Le baptême se célébra avec une pompe éclatante. L'enfant que S. Bruno introduisait dans le sein de l'Eglise était destiné à de grandes choses; la couronne devait un jour ceindre sa tête. Quatre archevêques le sacrèrent roi des Deux-Siciles, et il devint le premier monarque de ce royaume qui subsiste encore. C'est lui qui acheva d'expulser de la Sicile les Sarrasins, déjà vaincus par son père. On lui doit la construction de la magnifique cathédrale de Palerme, et la chapelle du Palais-Royal de cette ville, d'un style mauresque si exquis.

Peu de temps après le comte Roger fit bâtir pour ses chers protégés une église sous le vocable de S. Etienne, et un couvent qui prit le même nom. Comme cet établissement nouveau était placé au milieu d'une forêt, on l'appela Saint-Etienne *del Bosco*, ou en latin *de Nemore*. Le monastère de Saint-Etienne des Bois n'était guère qu'à une demi-lieue de Sainte-Marie *de Eremo* ou de l'Ermitage. L'un et l'autre n'avaient qu'un seul et même supérieur. La règle de Sainte-Marie était aussi austère que celle de la Chartreuse du Dauphiné. Celle qu'on observait à Saint-Etienne l'était moins, parce que ce monastère était destiné aux religieux valétudinaires; mais la vie qu'on y menait, quoiqu'un peu adoucie, avait toujours pour bases la solitude et la contemplation.

Bruno, qui depuis son retour du concile de Plaisance n'avait pas quitté ces deux monastères, voyait s'accroître de plus en plus autour de lui le nombre de ceux qui venaient lui demander de leur apprendre à mourir au monde et à vivre uniquement pour le ciel. Mais à mesure que les besoins de sa communauté se multipliaient, la Providence ne lui manquait pas. Il trouvait dans l'affection persévérante du comte Roger des ressources inépuisables. Ce seigneur redoubla pour lui de bienveillance et de soins attentifs à la suite d'une apparition miraculeuse du saint solitaire, qui, disait-il, lui avait sauvé la vie. Voici le fait, tel qu'il l'a rapporté lui-même dans une charte authentique.

Roger assiégeait Capoue à la tête de son armée.

Une nuit, il avait confié la garde du camp à un Grec appelé Sergius, capitaine de deux cents hommes d'armes de sa nation. Ce misérable s'était vendu au prince de Capoue moyennant une grosse somme d'argent, et lui avait promis de le faire pénétrer dans le camp et de lui livrer le comte. L'heure de la trahison approchait, quand Roger, endormi depuis quelque temps d'un profond sommeil, eut une vision qu'il raconte ainsi : « Un vieillard d'un aspect véné-
» rable m'apparut tout à coup; ses habits étaient
» déchirés, ses yeux étaient pleins de larmes. Je lui
» demandai la cause de sa douleur; il ne fit que
» pleurer encore davantage. Enfin sur ma demande
» réitérée, il me répondit en ces termes : Je pleure
» un grand nombre de chrétiens, et toi-même qui
» dois périr avec eux. Mais lève-toi sur-le-champ,
» prends tes armes et peut-être Dieu te sauvera toi
» et tes soldats. Pendant que j'entendais ces paroles,
» je croyais reconnaître les traits de mon vénérable
» père Bruno. Je m'éveille aussitôt terrifié par cette
» vision, et, prenant mon armure, je crie à mes
» hommes d'armes de monter à cheval et de me
» suivre. A ce bruit, Sergius et ses complices pren-
» nent la fuite en se dirigeant vers Capoue. Mes sol-
» dats font prisonnier cent soixante-deux Grecs de

» sa compagnie et les ramènent au camp. C'est par
» leurs aveux que j'apprends la réalité du complot
» tramé contre moi. Le 29 juillet, après avoir pris
» Capoue, je revins à Squillace, où je fus malade
» pendant quinze jours. Le vénérable Bruno, avec
» quatre de ses frères, vint me visiter dans mes souf-
» frances et me consoler par ses pieux entretiens.
» Je lui racontai ma vision et lui exprimai ma re-
» connaissance pour cet important service. Mais il
» me répartit humblement que ce n'était pas lui
» que j'avais vu, mais bien l'ange du Seigneur chargé
» de protéger les princes en temps de guerre. Je le
» priai alors d'accepter d'amples revenus sur ma terre
» de Squillace : mais il refusa, en me disant qu'il
» avait quitté sa famille et ses biens, afin de pouvoir
» servir Dieu avec une âme tout à fait dégagée des
» biens de la terre. A peine pus-je obtenir qu'il ac-
» ceptât de moi un modique présent... » Le comte
de Calabre avait l'intention de condamner au dernier supplice la plupart des complices de Sergius.
Bruno profita de l'ascendant qu'il avait sur son esprit pour les arracher à la mort; Roger commua
leur peine en celle du servage.

Ainsi des rapports de plus en plus intimes, nés
de services réciproquement rendus, liaient ensemble

le prince normand poursuivant le cours de ses victoires, et le religieux venu des Alpes, qui s'enfonçait toujours davantage dans la solitude et l'humilité. Il y a quelque chose de touchant dans cette communauté de foi et d'affection entre le moine et le guerrier. La vie des camps comme la vie du cloître est rude et pleine de sacrifices. Ce sont deux milices diverses dont l'une devrait rendre en protection temporelle ce que l'autre lui donnerait en protection spirituelle.

Au milieu des préoccupations que lui inspiraient ses établissements de Calabre, Bruno n'oubliait pas ses frères de Chartreuse. Il leur écrivit par le même messager qui porta sa lettre à Raoul le Vert. De leur côté, les Chartreux, qu'une correspondance ne pouvait satisfaire et qui auraient voulu qu'il leur fût permis de conférer avec leur chef et leur père spirituel sur une foule de points importants, crurent devoir lui députer leur prieur Lauduin, afin d'avoir avec lui un de ces entretiens où rien n'est omis ni dans les demandes ni dans les explications. Bruno, en revoyant celui qui l'avait remplacé dans le gouvernement de la Maison mère, crut un moment retrouver sa chère solitude elle-même. Il posa avec Lauduin les bases des constitutions de son ordre.

Tous les deux mirent en commun leur expérience de plusieurs années pour perfectionner de premiers essais toujours imparfaits.

Lauduin recueillit soigneusement dans des notes détaillées les entretiens qu'il eut avec le saint patriarche, et Guigues en reproduisit la substance quelques années plus tard, quand il fit le recueil des coutumes de l'ordre. Il est le premier qui ait rassemblé et mis par écrit, sur la demande des autres maisons alors existantes, les usages et les coutumes qui s'observaient dans la Maison mère et qui y tenaient lieu de règle.

Bruno ne vit qu'avec peine repartir son cher Lauduin, dont l'âge et les infirmités, jointes aux fatigues et aux dangers du voyage, lui donnaient quelques inquiétudes. Il comprit pourtant le besoin que les solitaires de Chartreuse devaient avoir de leur prieur, et la raison sut imposer ce sacrifice à sa tendresse. Lauduin quitta donc l'ermitage de la Tour vers le milieu de l'année 1098. Bruno lui remit pour ses religieux une lettre qui a été conservée, et dont le langage a quelque chose de vraiment paternel. Dans cette lettre, après leur avoir témoigné la joie qu'il a ressentie en revoyant Lauduin, il les loue de leur fermeté actuelle et persévérante dans leur vo-

cation, et de leur ardeur pour s'élever à la perfection de la vie contemplative. Puis, il s'adresse en ces termes aux frères convers : « Nous vous félici-
» tons et nous remercions le ciel de ce que, malgré
» votre ignorance des sciences et des lettres, le
» doigt puissant du Seigneur a gravé dans vos cœurs
» non-seulement l'amour mais la connaissance de sa
» loi sainte. Car vous montrez par toute votre con-
» duite que vous avez su cueillir les fruits les plus
» utiles et les plus doux des saintes Ecritures. » Il les engage ensuite à éviter la conversation de ces moines errants qui n'appartenaient à aucune communauté, et que S. Benoît avait déjà signalés sous le nom de *Gyrovagues*. Viennent après cela des recommandations adressées à tous ses religieux de veiller sur la santé de Lauduin, de modérer son zèle, et de l'engager à s'interdire des austérités au-dessus des forces de son âge et de son tempérament. Enfin il ajoute : « Croyez bien, mes frères chéris, que mon
» plus vif désir, après celui de voir Dieu, serait
» d'aller vous rejoindre et de vous retrouver tous.
» Fasse le ciel que je puisse quelque jour le satis-
» faire... »

Lauduin, pour retourner dans les Alpes, avait à traverser l'Italie alors déchirée par le schisme. Il

tomba entre les mains des partisans de l'anti-pape Guibert, qui voulurent le contraindre à reconnaître ce dernier pour le chef véritable de l'Eglise ; ce à quoi il se refusa constamment. On ne craignit pas de jeter dans un cachot infect ce vénérable religieux accablé d'années et usé par la pénitence. Quelque temps après, la mort de l'anti-pape mit fin à un schisme de vingt ans. On vint apprendre à Lauduin cette nouvelle, qui lui ouvrait les portes de sa prison : il en parut fort affligé. « Regrettez-vous donc, lui dit-on,
» ce perturbateur de l'Eglise ? Je pleure sur son sort,
» répondit-il gravement. »

Les souffrances de la captivité hâtèrent les derniers moments du saint prieur de Chartreuse, qui ne put achever son voyage et mourut en route dans un monastère d'Italie. On peut le regarder comme le premier martyr, ou tout au moins comme le premier confesseur de la foi dans son ordre (1).

Un frère convers qui était avec Lauduin au moment où on le fit prisonnier, était parvenu à échapper aux sbires de Guibert avec la lettre de Bruno dont il était porteur, et l'avait transmise sans retard

---

(1) Pierre Canisius l'a inscrit dans son martyrologe. D'autres auteurs le considèrent aussi comme martyr.

aux solitaires de Chartreuse. C'eût été pour ceux-ci le sujet d'une joie bien vive et bien pure, sans la nouvelle qu'ils apprirent en même temps de la captivité de leur prieur.

Bruno se voyait enlever successivement ses meilleurs amis. Lauduin était mort en 1100 : Urbain II une année plus tôt. Au commencement du mois de juin 1101, le comte Roger sentit à son tour approcher sa dernière heure. Il s'empressa de faire appeler notre Saint, ainsi que Landvin le normand. La fin de ce prince fut digne de sa vie. Entouré à son lit de mort des exhortations et des prières de ces hommes de Dieu, il employa de la manière la plus édifiante le peu de temps qui lui restait à vivre. Enfin de même qu'il avait vécu en vrai chevalier, il expira en parfait chrétien.

Ainsi mourut à Miletto, à l'âge de 71 ans, le premier et le véritable fondateur de la monarchie des Deux-Siciles.

Bruno lui-même ne survécut pas longtemps au comte Roger. Lorsqu'il vit arriver le moment si longtemps désiré d'aller se réunir enfin à l'unique objet de toutes les affections de son cœur, il rassembla autour de lui les religieux de ses deux maisons. Il fit en leur présence une confession publique de sa vie tout entière; puis il leur demanda humblement s'ils le croyaient digne de recevoir la sainte Eucharistie. Après qu'on lui eut administré les derniers sacrements, qu'il reçut dans de vifs sentiments de foi et de piété, il recommanda à ses disciples de persévérer dans la charité fraternelle et dans l'attachement à l'Eglise romaine. Enfin il fit sa profession de foi sur les principaux dogmes de la religion et notamment sur celui de la présence réelle de Jésus-Christ dans la sainte Eucharistie. Après cela il s'endormit paisiblement dans le Seigneur, au milieu des larmes et des sanglots de ses enfants spirituels. C'était un dimanche, le 6 octobre 1101. On croit qu'il était âgé d'environ 68 à 69 ans. Il y en avait dix-sept qu'il s'était consacré à Dieu dans la vie religieuse.

Son corps resta exposé trois jours. Une multitude de fidèles vint rendre à ses restes précieux des témoignages de vénération qui semblaient anticiper sur le culte que l'Eglise lui rendit plus tard.

On lui éleva une tombe en forme de pyramide, dans la petite église de Sainte-Marie-des-Bois.

La mort de saint Bruno fit événement dans le monde chrétien. Suivant la coutume du temps, ses religieux de Calabre envoyèrent une lettre circulaire à un grand nombre d'églises, de monastères et d'abbayes, pour leur annoncer la perte qu'ils venaient de faire.

Les religieux de la Grande-Chartreuse firent la réponse suivante : « Nous sommes plus affligés de la
» perte de notre très-pieux père Bruno que tous
» ceux qui peuvent regretter cet homme si distingué
» et si illustre. Nous prierons, sans limiter le nom-
» bre de nos suffrages, pour le repos de son âme ;
» elle nous est très-chère, et nous en révérons la
» sainteté. Les bienfaits que nous avons reçus de ce-
» lui que nous regrettons, surpassent tout ce que
» nous devons et pouvons faire... »

L'église de Grenoble répondit qu'elle mettrait le nom de Bruno dans le catalogue de ses hommes illustres, pour en faire l'anniversaire.

Il n'y a peut-être eu aucun saint sur la mort duquel tant d'églises aient écrit que sur celle de saint Bruno, puisqu'on a recueilli jusqu'à cent soixante-seize titres funèbres qui font son éloge. Ce seul fait donne la plus grande idée de son mérite et de sa réputation. Il y est appelé la lumière du clergé, *clericorum lumen;* l'honneur du sacerdoce, *sacerdotum splendor;* l'étoile du désert, *stella deserti;* le rempart de l'Eglise, *Ecclesiæ murus;* le docteur des docteurs, *doctor doctorum;* un homme d'une éloquence peu commune, *loquendo disertus ;* l'oracle des philosophes, *fons philosophiæ ;* l'interprète de l'Ecriture, *religionis interpres ;* le vainqueur du monde, *mundi spretor ;* le guide des saints, *dux sanctorum ;* un homme d'un mérite rare, *vir eximius ;* d'un caractère toujours égal, *vir fuit æqualis vitæ ;* d'un extérieur toujours affable et prévenant, *semper erat festo vultu ;* enfin toujours humble et modeste dans ses discours. Tels furent les témoignages rendus à saint Bruno dans le temps même où on venait de le perdre ; témoignages par conséquent des plus certains.

Bruno fut l'un des docteurs les plus renommés de son siècle. Le grec et l'hébreu lui étaient familiers : il ne possédait pas moins bien l'Ecriture sainte et les pères de l'Eglise. On a recueilli et imprimé les œuvres qui lui sont attribuées. Voici le jugement que portent sur son exposition des psaumes, des critiques qui passent pour très-éclairés, les bénédictins, auteurs de l'Histoire littéraire de France. « Il est diffi-
» cile de trouver un écrit à la fois plus solide et plus
» lumineux, plus concis et plus clair que le com-
» mentaire de S. Bruno sur les psaumes. S'il eût été
» plus connu, on en aurait fait plus d'usage. On l'au-
» rait regardé comme très-propre à donner une juste
» intelligence des psaumes. On y reconnaît un au-

» teur instruit de toutes les sciences et rempli de
» l'esprit de Dieu. Il serait à souhaiter que ce com-
» mentaire fût entre les mains de tous les fidèles, et
» particulièrement des personnes consacrées à la
» prière publique... »

Nous avons cité les deux lettres de Bruno au prévôt Raoul et aux religieux de Chartreuse, et, à travers notre faible traduction, on a pu juger de la grâce de ses descriptions quand il peint la nature, de la douceur et de l'onction de son style quand il exhorte et qu'il veut persuader.

Du reste, nous dirons avec Feller que son plus bel ouvrage, c'est l'ordre même dont il a été le fondateur.

LA GRANDE-CHARTREUSE,

OU

TABLEAU HISTORIQUE ET DESCRIPTIF

DE

CE MONASTÈRE.

CHAPITRE PREMIER.

Itinéraire de Voreppe à la Grande-Chartreuse.

Les deux routes principales par lesquelles on arrive à la Grande-Chartreuse offrent toutes deux trop d'intérêt pour que nous puissions nous dispenser de les faire connaître avec quelque détail. Nous commencerons par la route de Voreppe et de Saint-Laurent-du-Pont, qui est celle qu'on prend le plus ordinairement pour venir au Monastère, et nous remettrons à la fin de l'ouvrage à faire connaître celle qui passe par le Sappey.

Le voyageur qui arrive de Lyon (1) par Voreppe, peut quitter la grande route à cet endroit pour prendre le chemin qui conduit à Saint-Laurent-du-Pont. La vallée de Voreppe même, s'il n'a pas encore vu de pays de montagnes, attirera ses regards et son attention. C'est un défilé d'une demi-lieue de largeur, commandé à son entrée par deux rochers escarpés. L'un de ces rochers, celui qui est au couchant, s'appelle la *Dent* de Moirans parce qu'il domine la plaine où est situé le village de ce nom : l'autre qui élève sa crête aiguë au-dessus même de Voreppe se nomme le *Pic de Chalais*. On remarque sur cette crête un petit pavillon ou belvédère ; c'est une dépendance du couvent de Notre-Dame de Chalais, autrefois appartenant aux chartreux, et occupé maintenant par des dominicains, ordre religieux que le R. Père Lacordaire a depuis peu rétabli en France.

Le fond de l'étroite vallée de Voreppe est d'une

---

(1) Celui qui vient de Grenoble a la commodité d'une voiture, qui, pendant toute la belle saison, part tous les jours à heure fixe de cette ville pour Saint-Laurent-du-Pont.

admirable fertilité. Le sol noir et profond y produit des peupliers et des noyers d'une végétation vigoureuse. Les ceps de vigne, serpentant d'un arbre à l'autre, forment des arcades parallèles de verdure, entre lesquelles croissent de belles moissons et du chanvre qui s'élève ordinairement à sept ou huit pieds de hauteur. L'Isère coule le long des rochers qui sont en face de Voreppe, à l'autre bout de la vallée, et dessine par ses sinuosités les bases des montagnes de Sassenage et de Veurey.

Du pont de Voreppe, jeté sur un torrent rocailleux, on a un de ces tableaux où l'imagination de l'artiste n'a rien à ajouter à la nature. Le long des rives de ce torrent, des maisons et des chaumières diversement groupées sont surmontées par un clocher de village qui se marie harmonieusement aux cyprès et aux peupliers du cimetière qui le borde. A mesure qu'on s'éloigne de Voreppe, on perd de vue ce joli paysage; mais au second détour de la route, au dessous d'une petite chapelle, on aperçoit au loin une portion de la vallée de Tullins, que M. de Châteaubriand met au-dessus des plus belles vallées des Pyrénées.

La végétation devient moins puissante à mesure qu'on s'élève; on a quitté la région des beaux noyers, et on n'est pas encore à celle des sapins. Cependant le vallon de Pommier que l'on traverse, est rempli de nombreux vergers qui lui donnent un aspect frais et gracieux. Quelques hameaux y sont semés çà et là. Sur la droite des montagnes abruptes et couronnées de sapins, s'étendent de Chalais jusqu'aux portes du Désert de la Grande-Chartreuse. On monte jusqu'au col de la Placette, qui est à plus d'une lieue au-dessus de Voreppe; puis on redescend par un assez beau chemin au village de Saint-Joseph (1). Bientôt après on arrive au premier hameau de Saint-Laurent-du-Pont. Un peu en dessous d'un monticule pyramidal couvert de sapins et de hêtres, se présente l'église, à une centaine de pas du chemin. Sous les murailles même d'une petite terrasse qui protége à la fois le cimetière et la plate-forme qui entoure l'église, un petit torrent roule souvent des graviers et des débris; dans ses crues subites il oppose quelquefois une barrière aux villageois qui se rendent à l'appel de la cloche les dimanches ou autres jours de fête. Mais les dangers ne font que sti-

---

(1) C'est près de ce village qu'aboutit le chemin de Voiron, qui, passant entre des rochers semblables à ceux d'Ollioules en Provence, rejoint celui de Voreppe à Saint-Laurent.

muler le zèle de l'homme religieux, et donner un attrait nouveau à l'accomplissement de ses devoirs.

C'est dans la partie de Saint-Laurent-du-Pont qui est du côté opposé à celui par lequel on arrive, que se trouvent les trois meilleures auberges : c'est là aussi qu'on loue des guides et des mulets pour achever le voyage, qui ne peut plus se continuer en voiture. Saint-Laurent-du-Pont est certainement un village d'une assez pauvre apparence ; cependant le paysagiste aime ses maisons à galeries de bois, percées de lucarnes, et leurs toits à pentes rapides, à angles aigus, recouverts d'ardoises, ou de bardeaux qu'on nomme *essandoles* dans le pays. Cela rappelle un peu l'aspect des villages de l'Oberland ou du canton de Lucerne.

En sortant de celui-ci, l'ouverture des montagnes que l'on a devant soi indique assez clairement la direction qu'il faut prendre pour aller à la Grande-Chartreuse; on ne voit pas que le Désert puisse avoir d'autre issue.

Là, le chemin côtoie le Guiers-Mort, torrent qui vient du Désert et dont le lit est parsemé de brisants. Sur la droite, des coteaux couverts de bois s'élèvent étagés en pente douce. Enfin au bout de cette espèce de vestibule du Désert, deux rochers fièrement dessinés semblent surgir du lit même du torrent. Leurs cimes altières dominent tout le vallon. C'est ici que le Désert commence.

Une ferme, une scierie, de vastes usines sont construites au pied de ce rocher, au lieu appelé Fourvoirie. Il y a quelques années on y voyait un haut fourneau, qui a été remplacé par une fabrique de clous. La scierie et la ferme dépendent du monastère, qui possédait autrefois l'usine et tous les bâtiments de Fourvoirie. Ces bâtiments sont construits avec une solidité remarquable. Des murs épais percés de petites fenêtres où sont scellées de fortes grilles de fer, annoncent de la part de ceux qui les ont bâtis l'intention de se mettre à l'abri de ces coups de main, de ces pillages si fréquents à l'époque où les guerres religieuses déchiraient le Dauphiné et les provinces voisines (1).

Ces fabriques diverses, ombragées par des hêtres centenaires, les eaux fougueuses du torrent qui se révoltent en mugissant contre les barrières élevées par la main de l'homme pour détourner leur cours

---

(1) On sait que la guerre des camisards qui menaça souvent de s'étendre des Cévennes jusques dans les Alpes, n'était pas encore éteinte au commencement du dix-huitième siècle.

et les contraindre à devenir les forces motrices d'une active industrie, ces portes colossales du Désert taillées de la main de Dieu même aux flancs de la montagne, tous ces aspects riants, austères ou grandioses, deviennent un sujet d'études variées pour le peintre, d'inspiration pour le poëte, d'admiration pour quiconque sait voir et sentir.

Un pavillon adossé au rocher qui s'élève sur la droite occupe l'étroite chaussée prise sur le lit du Guiers-Mort; deux portes unies par une voûte peuvent fermer le Désert comme on ferme une ville entourée d'une enceinte de remparts. Au-dessus de la voûte est un logement qu'on avait pratiqué pour le gardien de cette entrée du Désert. Sur le haut du cintre de la porte se remarque, sculpté sur la pierre, un globe surmonté d'une croix (1).

C'est là le seuil qui sépare les tumultes des passions de la paix de la conscience, les soucis des affaires humaines du soin de l'unique affaire nécessaire, le monde enfin et ses pensées d'un jour de la religion et de ses pensées éternelles.

Le croyant qui franchit ce seuil y goûte une joie

---

(1) C'était ce qu'on appelait les armes de l'ordre, au-dessous desquelles on lisait cette devise : *Stat crux dum volvitur orbis.*

douce et calme. Celui qui l'aborde poussé par une vocation sincère pour la vie érémitique de la Chartreuse, y dit un dernier adieu à toutes les vanités comme à tous les biens terrestres dont il veut se détacher à jamais. L'indifférent lui-même, surtout s'il voyage seul et livré à ses propres réflexions, ne peut guère s'y défendre d'une vague émotion dont il craint de se rendre compte.

Au milieu de ces merveilles de la nature, ce fut une autre merveille pour le temps où elle fut construite que cette route creusée dans le roc et portée de distance en distance sur plusieurs arceaux d'une grande élévation. Pendant plusieurs minutes le voyageur marche sous une espèce de demi-voûte que la roche nue forme au-dessus de sa tête. Cette entrée du Désert, réellement fermée de ce côté par la nature, a été ouverte par l'art. On doit la création première à dom Pierre Le Roux, trente-troisième supérieur général des chartreux, vers le commencement du seizième siècle, mais elle ne fut achevée qu'en 1700, de même que le chemin dont nous venons de parler, et qui fut appelé chemin des voûtes.

Ce chemin tourne et suit les sinuosités de la montagne sans cesser de côtoyer et de dominer le Guiers-Mort, dont on voit les eaux tantôt se briser en grondant sur leur lit de roc et de graviers, tantôt faisant trève à leurs combats, glisser paisiblement et se renouveler sans bruit.

On a pu comprendre dès le commencement de cette avenue du Désert les difficultés que la nature présentait de ce côté au passage de l'homme. Ce n'est point par là que pénétra saint Bruno dans sa solitude; ce n'est point par là non plus que ses disciples et ses imitateurs seraient venus peupler la Chartreuse, si les cénobites eux-mêmes n'y avaient ouvert une voie par le fer et le feu. On serait tenté d'y voir comme une image de cette voie étroite et laborieuse que le chrétien doit se frayer aussi le fer à la main, pour surmonter les obstacles que les passions et le génie du mal multiplient sous ses pas.

A mesure que l'on remonte le Guiers-Mort l'espace entre les montagnes s'élargit un peu; le chemin monte et n'est plus une conquête continue sur le rocher. On voit toujours la sombre et éternelle verdure des sapins former un agréable contraste avec les nuances plus douces et plus variées qu'offre le feuillage mobile du bouleau et celui de l'orme, du tilleul, du platane de montagne et enfin du hêtre appelé fayard dans le pays. Dans les endroits les plus épais du bois, le sol est recouvert d'une mousse qui tapisse même les pierres, les rochers et les arbres; et, les sapins, serrés les uns contre les autres, paraissent avoir élancé toute leur sève vers leur sommet, en abandonnant la partie inférieure de leurs troncs dépouillés de tout branchage. Ils ressemblent alors à de hautes colonnes jusqu'à la hauteur où leurs rameaux forment une espèce de voûte. Que si des rayons obliques du soleil viennent à pénétrer par quelque interstice sous cette voûte naturelle et obscure, il en résulte des effets magiques produits par ces mélanges d'ombre et de lumière.

Nulle part nous n'avons trouvé, ni en Suisse ni en Italie, des sapins aussi gigantesques que ceux de ce Désert (1). La végétation y rappelle, dit-on, par la vigueur, celle des forêts vierges de l'Amérique. Le hêtre y atteint également des proportions inconnues partout ailleurs. Les fleurs elles-mêmes y prennent des dimensions et un éclat de coloris dont le botaniste s'étonne. Telles sont la brillante renoncule à tête d'or, le tussilage, la digitale à grandes fleurs, des orchis d'espèces variées, des trolles jaunes, dont les

---

(1) Comme la cognée ne cesse d'abattre les plus beaux arbres de ces forêts, notre observation cessera probablement d'être vraie d'ici à quelques années.

pétales, par leur disposition et leur multiplicité, imitent ceux d'une renoncule de jardin : et en fait d'arbrisseaux, le cytise avec ses grappes d'or, le sureau avec ses disques ombellifères, le rosier à rose rouge, l'amélanchier balançant sur le précipice ses fleurs blanches que le vent emporte :

... *Neige odorante du printemps*, a dit un poëte...

C'est au milieu de ces productions intéressantes et variées de la végétation alpestre, que le chemin, appuyé par intervalles sur des murs de terrassement, continue de longer le flanc de la montagne et de remonter le cours du Guiers-Mort. Il traverse quelques clairières, d'où l'on peut apercevoir les sommets des montagnes qui s'élèvent sur les deux rives. Leurs pentes sont coupées de distance en distance par des escarpements multipliés. Des sapins croissent le long de ces escarpements, et leurs cimes élancées atteignent ou dépassent tour à tour le niveau de la base des autres sapins qui prennent leurs racines sur le banc de rocher supérieur.

Mais bientôt la route qui s'est élevée par une pente insensible, redescend un peu jusqu'à un pont d'une seule arche jeté hardiment sur deux rochers à une assez grande hauteur au-dessus du lit du torrent. Ce pont est appelé Pont-Parant. Avant d'y arriver, on peut remarquer un pont plus curieux encore, formé par la nature : c'est un énorme rocher qui en tombant du haut de la montagne est venu se placer en travers du torrent.

L'endroit où le Pont-Parant est placé est l'aboutissant d'une gorge étroite qui s'ouvre sur la droite du voyageur. On franchit ce pont remarquable pour l'époque où il fut construit, et le chemin se transporte sur l'autre rive. Il commence seulement en cet endroit à offrir une pente rude et raboteuse. On s'élève alors péniblement beaucoup au-dessus du torrent, en côtoyant un rocher-mur d'une hauteur prodigieuse.

Or, pendant que le précipice devient de plus en plus profond sur la droite du voyageur, un accident pittoresque se présente à ses regards. C'est un roc pyramidal qui surgit tout à coup sur son chemin comme pour lui barrer le passage, et qui, du fond de la gorge, semble s'élancer dans les airs. On appelle ce rocher le pic de l'OEillette ou de l'Aiguille. Des sapins et des hêtres ont cru jusque sur le haut de ce sommet inaccessible. Il y avait là autrefois, avant que l'art n'y eût mis la main, un défilé non moins difficile à franchir que celui de Fourvoirie. Pour le rendre praticable, on a encore conquis du terrain sur l'abîme.

Le chemin passe sur des voûtes élevées et solidement construites; puis il aboutit à une ancienne porte ruinée, qui avait été bâtie entre le pic de l'OEillette et le rocher escarpé qui borde toujours la gauche. Cette seconde porte du Désert était adossée à un bâtiment qu'on avait fait fortifier en 1720 pour se mettre, dit-on, à l'abri des incursions du fameux Mandrin qui aurait menacé de venir piller le monastère avec sa bande de contrebandiers. Il eût été facile de faire là un pont-levis qui se serait ouvert sur un précipice de quatre à cinq cents pieds : car le torrent, à cet endroit, se trouve à une profondeur considérable au-dessous de la route.

A peu de distance de l'ancien fort de l'OEillette, après avoir marché quelque temps sur une pente adoucie, on recommence à gravir une côte rampante et raboteuse. C'est la fin de la mauvaise partie du chemin. Encore un petit quart d'heure et vous atteignez la croix verte élevée sur une espèce de plate-forme. Là, vous êtes si éloigné et si fort au-dessus du Guiers-Mort, que son murmure, au moins en certains temps de l'année, cesse d'arriver jusqu'à vous. La gorge s'est élargie, et, au delà d'un petit ravin couvert de bois épais, vous apercevez à peu de distance et comme sur le premier plan d'un vaste tableau, la Correrie, dépendance du Monastère dont nous parlerons plus tard : un peu plus loin et sur la droite, deux chaînes de rochers, qui à leur extrémité se rapprochant sans se joindre, laissent une étroite issue où se trouve l'autre porte du Désert connue sous le nom de Porte du Sappey. Enfin sur le troisième plan vous découvrez les cimes dentelées des montagnes qui séparent le vallon de Saint-Pierre-de-Chartreuse de la vallée de Graisivaudan. Arrivé au pied de la croix verte, le voyageur qui, comme dit un auteur, n'a pas eu besoin de mettre d'autres jambes au bout des siennes pour faire sa volonté, s'assied, respire quelques moments, et recueille les impressions qu'il a éprouvées depuis son entrée dans le Désert.

Si vous faites ce voyage, comme c'est assez l'ordinaire, vers la fin du mois de juin ou dans les autres mois d'été, vous pourrez trouver un certain mouvement au sein de ces forêts, entre Fourvoirie et le monastère. Tantôt des couples de bœufs vous apparaîtront au tournant de la route, traînant des pièces de bois, qui, plus longues que certains détours du chemin, se portent alternativement sur chaque bord en le dépassant. Tantôt vous verrez venir des files de mulets chargés de planches ou de charbon, lesquels vont presque toujours suivant leur caprice, sans que le plus souvent leur conducteur les précède ni les guide. Alors si vous êtes à cheval, rangez-vous d'avance du côté opposé au précipice dans quelque recoin du rocher. Que si on fait retentir au-dessus de vos têtes les coups de la cognée dévastatrice, soyez encore sur vos gardes : bientôt, peut-être, vous entendrez le vieux patriarche des forêts rouler de rocher en rocher, et ses débris fracassés viendront même parfois joncher l'endroit du chemin où vous allez porter vos pas. Si vous montez à la Chartreuse aux environs de la Saint-Jean d'été, vous pourrez aussi vous trouver attardé par un de ces troupeaux d'innombrables moutons que le berger de Provence amène de la Camargue dans les Alpes, avec ses mules, ses ânes et ses énormes chiens, véritables caravanes d'Orient, qui vont du désert au désert en traversant nos villes et nos plaines populeuses. Quelquefois vous rencontrerez une bande de chasseurs qui sera allée relancer le chamois sur ses pics aigus, ou même attaquer l'ours dans sa tanière obscure. D'autres fois vous vous croiserez avec d'élégantes compagnies de promeneurs et de promeneuses, qui seront venus d'Aix ou d'Uriage pour varier par des sensations nouvelles les plaisirs ordinaires de la vie des Eaux. Vous verrez aussi des botanistes rapporter d'un air de contentement dans la boîte de fer-blanc suspendue à leurs épaules une riche collection de plantes alpines cueillies sur les cimes d'Aliénard, de Chamechaude ou du Grand-Som (1). Enfin, le long des rives du torrent, auprès de quelque cascade écumante, vous apercevrez le dessinateur ou le peintre parisien, abrité sous le large parapluie à canne et tâchant de dérober à la nature ses effets gracieux et ses accidents variés.

Mais laissant maintenant la croix verte et continuant votre marche, au bout d'une demi-heure, après un petit détour dans les bois, vous vous trouverez au pied même des bâtiments du Monastère, qui, se présentant tout à coup à vos regards, semblera vous donner l'idée d'une petite ville. Ce n'est du reste que son aspect extérieur qui ait quelque rapport avec celui des demeures ordinaires des hommes ; car il ne sort des cloîtres muets de la Chartreuse aucun de ces bruits ni de ces rumeurs qui annoncent les approches d'une enceinte habitée. Enfin vous suivrez par un chemin montant les contours du mur de clôture et vous parviendrez à la porte d'entrée du couvent, dont l'architecture noble et simple

---

(1) Trois sommités qui dominent le couvent.

vous paraîtra en harmonie avec l'austérité du paysage qui vous entoure. Là vous apprendrez bientôt que dans ce séjour voué au silence, on sait pourtant accueillir le voyageur avec tous les soins de la plus attentive cordialité ; et après qu'on vous aura donné ces soins qui font si vite oublier toute fatigue, vous pourrez demander à voir la maison, que nous allons décrire, en faisant précéder cette description d'une courte notice historique.

CHAPITRE II.

Le Monastère.

§ Ier. — Notice historique.

On a vu dans la vie du fondateur des chartreux (page 17) que saint Hugues, évêque de Grenoble, avait fait construire un monastère pour saint Bruno et ses compagnons, près de l'endroit où se trouve aujourd'hui la chapelle dite *de Casalibus*. Le 30 janvier 1133, sous le gouvernement de Guigues, 5e prieur de chartreuse et surnommé le vénérable, le cloître et les cellules de ce premier monastère de l'Ordre, à l'exception d'une seule, furent renversées par une avalanche. Six religieux et un novice furent ensevelis sous les ruines. L'un de ces religieux, au bout de douze jours, fut retiré encore vivant de dessous les décombres. Il se trouva sans blessures et jouissant de la plénitude de ses facultés intellectuelles. « Il parla » peu à ses confrères, dit dom Tellier, il reçut les » derniers sacrements et s'endormit ensuite dans le » Seigneur avec une grande tranquillité. » Guigues réunit à ceux de ses frères échappés au désastre quelques autres religieux de la chartreuse des Portes, au diocèse de Belley, qu'il avait fondée précédemment, et établit la communauté nouvelle dans l'endroit même où se trouve aujourd'hui le monastère de la Grande-Chartreuse. Un de ses premiers soins fut d'y amener par un aqueduc de pierre, qui subsiste encore, les eaux de la fontaine de saint Bruno. Le monastère nouveau fut d'abord construit en bois comme l'avait été le premier, à l'exception de l'église qui fut bâtie plus solidement, et qui forme aujourd'hui la chapelle dite le chapitre des religieux. Saint Anthelme, 7e général de l'Ordre, puis évêque de Belley dans le douzième siècle, fit jeter les fondements de la partie du grand cloître qui est dans le style gothique, et qui fut achevée plus tard par les libéralités de Marguerite, duchesse de Bourgogne. La maison prit ainsi des accroissements successifs; mais elle fut incendiée jusqu'à huit fois, soit par accident, soit avec des intentions hostiles. Ces incendies eurent lieu en 1320, 1371, 1474, 1510, 1562 (c'est aux fureurs du baron des Adrets, capitaine des calvinistes, qu'on attribue ce cinquième désastre), puis en 1592, en 1611, et enfin le 10 avril 1676. C'est alors que dom Le Masson, 50e général de l'Ordre, aidé d'un frère architecte, la mit dans l'état où on la voit aujourd'hui.

La révolution de 89 semblait d'abord avoir oublié ou respecté le monastère de la Grande-Chartreuse, quand au mois d'octobre 1792 la proscription, qui avait atteint déjà tant d'autres établissements religieux, s'étendit jusqu'à cette première maison de l'Ordre. Les religieux qui la composaient obéirent sans résistance, mais non pas sans une profonde douleur, aux décrets du gouvernement qui les bannissait de ces cloîtres où ils trouvaient tant de douceur à enfermer leur vie.

Un certain nombre d'entre eux, qui ne purent avoir la triste consolation de s'expatrier, se dispersèrent dans l'intérieur de la France, où quelques-uns s'adonnèrent secrètement aux fonctions du ministère sacré, malgré les lois portées contre les prêtres insermentés. Ceux que l'on découvrit dans l'exercice des devoirs du sacerdoce furent emprisonnés, déportés, et quelques-uns même mis à mort. D'autres avaient trouvé le moyen de passer dans diverses maisons de leur Ordre encore existantes hors de France. Mais ils en furent de nouveau arrachés au bout de peu de temps par la tempête révolutionnaire, qui, comme tout le monde sait, s'étendit sur une grande partie de l'Europe. Ces maisons furent toutes successivement abolies, à l'exception seulement de celle de la Part-Dieu, en Suisse, qui échappa seule à cette destruction générale.

Le révérend père D. Nicolas Geoffroi, alors supérieur général de l'Ordre, et qui avait pu passer à l'étranger, se retira d'abord à Bologne et plus tard à Rome où il mourut en 1801. Après lui, l'Ordre fut gouverné successivement pendant quinze ans par trois vicaires généraux.

En 1815, D. Romuald Moissonnier, second vicaire général, s'occupa des démarches à faire pour obtenir du gouvernement la faculté de rétablir le Monastère de la Grande-Chartreuse. Il fut secondé avec beaucoup de zèle et d'activité par dom Ephrem Coutarel, qui, après plusieurs années d'une dure captivité, n'avait profité de la liberté qui lui fut rendue que pour venir se retirer et vivre ignoré dans les environs de cette Maison mère, dont il était profès.

Ils obtinrent l'accomplissement du plus cher de leurs vœux; et, au mois de juillet 1816, ils purent rentrer dans le Désert sanctifié par la pénitence de saint Bruno. La population des environs ne vit pas sans un vif intérêt ce rétablissement. Elle se rappelait que les chartreux avaient apporté la vie et l'abondance dans la contrée, qu'ils étaient la providence du pauvre et l'appui de l'orphelin, et que, plus d'une fois, ils avaient nourri des villages entiers dans des années de disette.

Du reste, les habitants de Grenoble et même ceux de tout le Dauphiné ne furent pas non plus insensibles au retour des chartreux : car ils sont fiers de posséder la Grande-Chartreuse, qu'ils regardent avec juste raison comme le plus beau monument de leur province et l'un des plus remarquables de France.

Ainsi le vénérable Vicaire général, qui avait été l'instrument de la Providence pour la restauration de son Ordre en France dans le lieu même où saint Bruno l'avait fondé, rentra au couvent où il avait été enfanté à la vie religieuse comme un exilé rentre dans la maison de ses pères.

Instruits du rétablissement du berceau de leur Ordre, plusieurs anciens chartreux français vinrent successivement grossir le petit nombre de ceux qui en avaient repris possession, et dont le respectable chef n'avait pas tardé de passer à une meilleure vie. Car onze jours après son retour, et comme si, sa tâche se trouvant entièrement remplie, il ne lui restait plus rien à faire ici-bas, Dieu avait donné à dom Moissonnier un asile à l'abri de tous les orages en l'appelant à lui.

Une nouvelle communauté se forma donc des débris des anciennes. Quant à la restauration des bâtiments, elle ne put être que longue et dispendieuse. Les chartreux, après une absence de près de vingt-quatre ans, retrouvaient partout dans le monastère les traces de la dévastation et de la profanation. Les portes et les fenêtres brisées et sans ferrures, les cellules et les toits délabrés, l'église et les chapelles dépouillées, la bibliothèque enlevée, que de désastres à réparer! L'attention des religieux se porta d'abord sur ce qui concernait le culte divin; ils remédièrent ensuite peu à peu aux besoins les plus urgents de leur existence monastique, et le couvent a été insensiblement rétabli dans l'état où nous le voyons aujourd'hui, et que nous allons faire connaître en gardant le même ordre que l'on suit ordinairement en faisant voir la Maison aux étrangers.

§ II. — Description du Monastère.

Le Monastère, rebâti en grande partie, comme nous l'avons dit, à la fin du dix-septième siècle, est dans un style d'architecture simple et sévère. Les combles sont couverts partie d'ardoises, partie de tuiles, et partie de bardeaux; et leur réunion, entremêlée de plusieurs clochers, donne l'idée d'un lieu peuplé de nombreux habitants. Or cette vaste étendue de bâtiments est nécessité par l'espace qu'occupent tous ces petits ermitages séparés, dont chacun forme une cellule. D'un belvédère, ou petit pavillon, placé en face du couvent sur le penchant de la montagne opposée, au bout d'une promenade très-agréable pratiquée sous l'ombrage des sapins et des hêtres, on peut assez bien juger de l'ensemble de la maison. De cet endroit on aperçoit la cour d'entrée, les grands avant-corps de logis qui sont destinés à loger les étrangers, les ailes séparées qui renferment les cellules des officiers (1) de la Maison, et enfin l'habitation du Révérend Père. Quant au grand cloître des *religieux*, construit au pied de la montagne qui est vis-à-vis, on n'en aperçoit qu'une partie.

Sur la même ligne que l'entrée principale se trouvent deux pavillons, dont l'un est destiné à loger les guides des voyageurs, et l'autre contient la pharmacie, où se confectionnent cet élixir qui jouit d'une réputation non moins ancienne que bien méritée, et cette autre liqueur qui est aujourd'hui si connue sous le nom de liqueur de Chartreuse.

Dans la cour sont deux bassins circulaires, d'une forme assez élégante, dont la destination principale est de fournir de l'eau en cas d'incendie. Il en est de même des autres bassins et petits réservoirs qui se trouvent dans l'intérieur de la maison.

Au moment de franchir le seuil de la porte par la-

---

(1) On appelle ainsi les religieux chargés d'emplois, ou, pour se servir du terme propre, d'obédiences particulières, tels que le procureur, ou économe, son coadjuteur (c'est l'hôtelier), le confesseur des étrangers, et le scribe, ou secrétaire du Révérend Père. Le titre de Révérend Père est celui qu'on donne au supérieur général. On ne le désigne même pas autrement dans l'intérieur de la Maison. Voir ci-après, chap. IV.

quelle on pénètre dans l'intérieur des corridors du monastère, il faut jeter un regard derrière soi, et on verra au-dessus des murs d'enceinte la portion la plus élevée de l'amphithéâtre des montagnes d'alentour, avec leur magnifique revêtement de forêts, comme dit M. de Châteaubriand dans son Itinéraire de Paris à Jérusalem. On se croirait au plus épais de ces grands bois, dont on ne voit pas les limites.

En poursuivant votre marche, vous entrez dans un corridor large et spacieux, de 381 pieds de long. Là viennent aboutir les voies de communication avec les autres parties du monastère. Ce sont d'abord, à droite et à gauche, les avenues des quatre grands corps de bâtiments où logaient autrefois les prieurs qui venaient au chapitre général, et qui sont réservés aujourd'hui pour les étrangers. Un peu plus loin, d'un côté se trouvent les cellules des officiers de la maison, et de l'autre, la chapelle dite de famille, l'église, le réfectoire, la cuisine et la dépense.

La chapelle de famille est ainsi nommée dans le sens latin ou italien attaché au mot *familia*, parce que c'est là que se réunissent les frères, les ouvriers et autres personnes employées pour le service du monastère, afin d'y remplir les devoirs de la religion. Quant aux instructions chrétiennes que les religieux sont chargés de leur adresser les dimanches et les fêtes, ils les reçoivent dans une autre chapelle.

L'église, dont la première construction remonte au XVe siècle, est dans de bonnes proportions. Cependant elle n'a rien de bien remarquable, ni dans son architecture, ni dans ses ornements, si toutefois l'on excepte la boiserie du sanctuaire, qui est la seule chose qu'on y ait laissée, lorsqu'en 1807 le maître-autel de marbre blanc et les stalles du chœur furent transportées à Grenoble, où on les voit encore à la cathédrale et à la chapelle du grand séminaire. C'est aux libéralités de quelques personnes généreuses qu'elle doit son maître-autel actuel avec ses accompagnements, les deux lampes argentées suspendues l'une dans le sanctuaire, l'autre dans le chœur, la principale cloche du monastère, qui est du poids de 1300 livres, et enfin les nouvelles stalles, qui du reste sont loin de faire oublier les anciennes. Quant au groupe représentant la Vierge aux sept douleurs et qui surmonte la cloison servant de séparation entre le chœur des frères et celui des religieux, c'est un don de Sa Majesté la Reine des Français.

En sortant de la tribune de l'église, on entre dans la galerie des cartes, placée au-dessus du grand corridor d'entrée, et qui est ainsi nommée parce qu'elle contient un grand nombre de plans ou vues générales des maisons de l'ordre, dont il est assez inutile de dire que presque tous n'ont plus aujourd'hui qu'un intérêt purement historique.

On passe de là dans la salle du chapitre général, laquelle peut être regardée comme un des principaux ornements de la Maison mère. Les yeux se portent d'abord sur une statue de plâtre de S. Bruno, donnée par M. Foyatier, de Lyon, dont elle est l'ouvrage. Cette statue, qui est de neuf pieds de haut, domine le siége destiné au Supérieur Général pendant les séances des assemblées capitulaires. Les portraits des cinquante premiers généraux de l'ordre sont rangés autour du plafond. Un médaillon, placé au-dessus de chacun, indique leur nom et l'année de leur mort. Enfin une assez belle collection de tableaux, copie intelligente et remarquable du *cloître* peint par Le Sueur, copie retouchée, dit-on, par lui-même, forme la principale décoration de cette pièce digne d'attention. Ces tableaux, au nombre de vingt-deux, représentant les circonstances les plus mémorables de la vie de S. Bruno, non d'après l'histoire qui, dans sa nudité, a le défaut d'être souvent prosaïque, mais d'après la légende, dont le caractère, ordinairement poétique et merveilleux, convient mieux aux œuvres d'imagination. Nous donnerons dans le chapitre suivant l'explication de ces tableaux.

Après cette salle on en trouve une autre moins grande, où se voient la continuation des portraits des généraux de l'ordre, et, en outre, plusieurs autres tableaux. Dans le plus grand sont réunis tous les personnages de l'ordre des chartreux distingués par leurs vertus ou par les dignités ecclésiastiques dont ils ont été revêtus. En face de ce tableau est une Assomption sculptée en relief.

Dans le passage qui sépare cette salle du grand cloître, on voit, de chaque côté, deux grandes cartes topographiques, donnant d'une manière assez exacte le plan du Désert.

Mais nous voici arrivés à la partie la plus remarquable de toute la maison, et qu'on ne peut voir et parcourir pour la première fois sans étonnement. Nous voulons parler du grand cloître, qui forme un carré long éclairé par 130 fenêtres, et que la nature du terrain a forcé de construire sur un plan incliné. Il a 215 mètres, ou 645 pieds de longueur, sur 23 mètres ou 69 pieds de largeur. Deux personnes placées à chacune des extrémités, ne sauraient se reconnaître. La partie la plus ancienne, qui, comme nous l'avons déjà dit, date de la fin du xiie siècle, et qui est dans le style gothique, attire l'attention des connaisseurs, et fait regretter que l'autre partie, beaucoup plus moderne, forme un contraste fâcheux avec celle-ci, dont le ton plus obscur et le genre plus religieux conviennent beaucoup mieux à un monastère.

Les cellules sont au nombre de trente-cinq, et ont toutes leur entrée sur le cloître. Ce sont comme autant de petites maisons séparées, qui se composent de deux pièces éclairées par trois fenêtres, et dans lesquelles on a ménagé un oratoire et un cabinet d'étude. Au-dessous se trouvent un bûcher et un petit atelier, plus, un petit corridor, et enfin un petit jardin, formant la séparation des cellules entre elles. Le tout peut occuper un espace de 20 à 25 mètres carrés. A côté de la porte de chaque cellule, on remarque un guichet pratiqué dans l'épaisseur du mur, et dans lequel se déposent les aliments qui sont servis aux religieux. On lit sur la porte même une sentence, qui est ordinairement tirée de l'Ecriture ou des Pères.

Le silence profond qui règne dans le cloître n'est troublé (1) que par le bruit que fait en tombant l'eau

---

(1) Les religieux se plaignent que ce silence est aussi trop souvent interrompu, dans la belle saison, par les conversations tumul-

de quelques fontaines placées, de distance en distance, pour l'usage des religieux.

Au milieu est placé le cimetière des religieux; de façon qu'en sortant de leurs cellules, leur demeure pendant cette vie, ils voient tous les jours la dernière demeure qui attend leurs dépouilles mortelles. Les croix de pierre qu'on aperçoit dans la partie supérieure de ce cimetière distinguent les tombes des Généraux de l'Ordre.

Tout à côté on montre au voyageur la chapelle des Morts, qui a été fondée en 1382 par François de Conzé ou Conziaco, évêque de Grenoble. Il y a dans cette chapelle un caveau renfermant les ossements des premiers chartreux qui avaient été enterrés près de Notre-Dame *de Casalibus.*

Dans une niche pratiquée en dehors, au-dessus de la porte de cette chapelle, les artistes admirent un buste de marbre représentant la mort, sous la forme ordinaire d'un squelette de femme, et couvert d'un manteau supérieurement drapé. C'est, d'après une inscription placée au bas, un don de M. le comte de Châteauvillard.

---

tueuses des visiteurs, qui ne se rappellent pas toujours l'avertissement placé à l'entrée de ces corridors.

Plus bas, et du côté opposé, on montre encore au voyageur la chapelle dédiée à S. Louis, roi de France. La fondation en est due à Louis XIII, qui y consacra trente mille livres prises sur ses épargnes royales. Elle est ornée de jolies statuettes placées dans des niches, et représentant Moïse, David, les quatre grands prophètes, et, de chaque côté de l'autel, deux saints chartreux en contemplation. Elle est, en outre, décorée entièrement de peintures et de tableaux, dont une partie n'est pas sans quelque mérite. Louis XIII, en souvenir de sa libéralité, réclama des chartreux une messe annuelle pour lui et pour ses successeurs.

En sortant de ce vaste cloître, qu'on ne peut guère visiter sans éprouver de salutaires impressions, on descend à la bibliothèque, qui, bien qu'elle contienne plus de six mille volumes acquis ou donnés depuis la restauration du couvent, est cependant bien éloignée de valoir l'ancienne, laquelle renfermait plus de cinq cents manuscrits ou de titres originaux aujourd'hui déplacés ou perdus, et trois cents volumes environ du commencement de l'imprimerie. La bibliothèque de Grenoble, qui s'est enrichie dans la révolution aux dépens de celle de la Grande-Chartreuse, possède les manuscrits suivants, qu'admirent beaucoup de bibliophiles : une grande Bible, sur vélin, ornée de miniatures, du xe siècle, dont les couleurs sont d'une fraîcheur étonnante ; un Nouveau Testament, du xie siècle ; les quatre Evangiles du xiie siècle ; divers livres de l'Ancien Testament, du xiie siècle ; Glose sur Tobie, Judith et Esther, du xiiie siècle ; un Ancien Testament, du xiiie siècle ; un Psautier, du xive siècle ; une Imitation de Jésus-Christ, du xve siècle ; beaucoup de Missels, de Rituels, d'Antiphonaires, de divers siècles jusqu'à l'invention de l'imprimerie, etc.

On trouve aujourd'hui à la Grande-Chartreuse une fort belle collection des Pères de l'Eglise, format in-folio, plusieurs Commentaires des Ecritures saintes, un grand nombre de livres ascétiques, des miscellanea, et encore quelques manuscrits. L'histoire, la littérature, la physique, la botanique, y sont aussi représentées par d'assez bons ouvrages. Mais il y a encore bien des lacunes à combler sur beaucoup de points. Ainsi on s'étonne de ne pas rencontrer la collection des bollandistes dans une bibliothèque de couvent. On regrette également de ne pas y voir les ouvrages de dom Martène, de dom Mabillon et de quelques autres bénédictins qui ont écrit sur les ordres religieux. Ces vides, il faut l'espérer, se rempliront avec le temps.

Pour compléter la description de la maison, nous ajouterons qu'à l'angle nord-est du mur d'enceinte on a fait réparer la chapelle dite de Saint-Sauveur. Les personnes du sexe peuvent demander à y entendre une messe basse les dimanches et les fêtes. C'est même pour cette destination spéciale qu'elle a été restaurée.

CHAPITRE III.

Explication des Tableaux composant la vie de saint Bruno,
par Le Sueur.

Il paraît assez naturel de faire précéder cette explication par une courte notice sur l'habile peintre au pinceau duquel on doit la galerie que nous allons parcourir.

Le Sueur, né en 1617, et élève de Simon Voüet, fut une des illustrations du xviie siècle. Il s'était déjà fait connaître par quelques bons tableaux qu'il vendait mal, quand le gouvernement, pour lui donner des moyens d'existence assurés, le nomma inspecteur des recettes aux entrées de Paris.

« C'est à la barrière de l'Oursine, dit M. Miel (1),
» qu'il eut à repousser l'injure faite à un de ses su-
» bordonnés par un gentilhomme. Insulté lui-même,
» il demanda satisfaction par les armes. Le cartel fut
» d'abord reçu avec mépris; mais Le Sueur se nomma,
» et l'agresseur, qui l'avait souvent admiré dans ses
» ouvrages, consentit à une réparation. Ils se ren-
» dirent à l'instant sous les murs des chartreux, et
» l'artiste eut la malheureuse adresse de tuer son ad-
» versaire d'un coup d'épée. Le Sueur se retira dans
» le couvent même des chartreux, qui lui donnèrent
» asile jusqu'à ce qu'on eût apaisé la famille du dé-
» funt. L'hospitalité de la religion ne fut pas perdue
» pour l'art. Dans le silence de cette solitude, bour-
» relé de sa fatale victoire, vivement ému par le
» contraste qui régnait entre lui et la paix inaltéra-
» ble dont il était environné, Le Sueur dut sans doute

---

(1) Auteur d'un examen raisonné de la galerie que nous allons parcourir, lequel nous a été d'un grand secours dans le compte que nous avons à en rendre nous-même.

» à sa retraite chez les chartreux les premières in-
» spirations de son cloître. »

Cette belle collection fut achevée par Le Sueur en moins de trois ans.

Ce grand artiste se signala ensuite par quelques autres chefs-d'œuvre, notamment par le tableau de saint Paul, prêchant à Ephèse, qui lui valurent l'estime secrète et l'envie mal dissimulée du peintre Lebrun. Usé de bonne heure par un travail forcé, une vive sensibilité accroissait encore les peines dont fut semée sa courte existence. Le Sueur se sentit atteint d'une maladie mortelle à l'âge de 38 ans. Alors il se retira de nouveau à la chartreuse de Paris, et il y mourut en 1655, sans avoir achevé le martyre de saint Gervais, qui, dans son état d'imperfection, est cependant encore un tableau très-estimé.

Raphaël était mort au même âge que lui, laissant aussi un chef-d'œuvre incomplet. Surnommé le Raphaël français par une admiration peut-être exagérée, Le Sueur n'eut pas comme le grand peintre italien de magnifiques funérailles. Ce fut dans l'église de Saint-Etienne-du-Mont qu'il fut inhumé, sans faste, comme il avait vécu. Il eut pour mausolée une simple pierre, et pour épitaphe son nom.

Sur la gauche de la statue de saint Bruno, on voit un premier cadre, qui contient cette inscription : *Sancti Brunonis vita, totius ordinis Cartusiensis fundator anno Domini 1084.* C'est une espèce de frontispice placé en tête de la collection, et qui en fait partie.

PREMIER TABLEAU.

PRÉDICATION DU CHANOINE RAYMOND.

Un prêtre occupe la chaire de vérité (1); il annonce la parole de Dieu; mais son cœur n'est pas d'accord avec ses lèvres. Un des assistants recueille par écrit le discours évangélique. En face du prédicateur, saint Bruno debout, un livre sous le bras, écoute avec une pieuse attention. On reconnaît la touche d'un grand maître dans la figure du prédicateur et dans celle de Bruno. Celle du vieillard, adossé à la chaire est aussi fort belle. Le groupe de femmes est remarquable par la justesse des poses et la vérité des mouvements.

(1) C'est le docteur Raymond Diocrès, dont il a été parlé dans la *Vie abrégée de saint Bruno.*

L'église, par son architecture et sa décoration, ne rappelle en aucune façon le style du siècle où vivait saint Bruno. Le même défaut de couleur locale doit être relevé dans les costumes des personnages, qui sont presque tous vêtus à la grecque. Cette observation pourrait être renouvelée à l'occasion de chacune des compositions de Le Sueur. Nous la faisons une fois pour toutes, afin de n'avoir plus à y revenir. Nous ne sommes pas, au reste, de ceux qui attachent une bien haute importance à la vérité historique appliquée dans l'art à tous les accessoires et à tous les petits détails, quoiqu'il soit de mode, dans notre siècle, de s'en préoccuper beaucoup.

2ᵉ TABLEAU.

MORT DU CHANOINE RAYMOND.

Le docteur est étendu sur son lit de mort; il va rendre le dernier soupir. Un prêtre présente le crucifix au mourant, qui semble en détourner ses lèvres. Un acolyte à genoux lit les prières des agonisants; un autre debout tient un cierge allumé et paraît contempler silencieusement ce dernier acte de la vie humaine, tandis que saint Bruno, en proie à la douleur, prie Dieu pour le docteur, près de paraître devant lui. Un vieillard s'incline sur la couche mortuaire, et s'unit d'intention à cette lugubre cérémonie. On aperçoit enfin dans l'ombre auprès de l'oreiller le mauvais ange qui déploie ses ailes, prêt à saisir au passage et à emporter l'âme qui lui appartient.

La composition de cette scène imposante ne laisse rien à désirer; les attitudes et les expressions des personnages sont empreintes tout à la fois de tristesse et de gravité.

3ᵉ TABLEAU.

RÉSURRECTION DU CHANOINE RAYMOND.

A ces mots : *Responde mihi, quantas habeo iniquitates et peccata,* le docteur sort à demi de son cercueil pour annoncer son jugement et sa fatale condamnation. Les difficultés de ce sujet ont été surmontées avec un rare bonheur. L'effroi se peint sur tous les visages : Bruno surtout est consterné.

4ᵉ TABLEAU.

MÉDITATION DE SAINT BRUNO.

Epouvanté du prodige dont il vient d'être témoin, saint Bruno s'est retiré chez lui. On le voit dans son oratoire, les bras croisés sur la poitrine, la tête inclinée; il médite à genoux devant un crucifix. On voit à travers l'ouverture d'une arcade, le corps du réprouvé que deux hommes portent à la voirie.

Ce tableau passe avec raison pour l'un des plus importants de toute la galerie, et les connaisseurs regardent la figure du Saint comme un chef-d'œuvre de l'art. En effet quel profond recueillement! quelle vérité dans l'attitude! comme la grâce de la physionomie s'unit au calme et à la gravité des traits! Tout concourt à faire de ce tableau, dans le genre religieux, une composition très-remarquable.

5ᵉ TABLEAU.

SAINT BRUNO REPARAIT DANS SA CHAIRE DE THÉOLOGIE.

Désireux de l'entendre après une longue absence, les anciens disciples de saint Bruno se réunissent autour de sa chaire. Mais ce n'est plus le savant professeur, c'est le zélé missionnaire qui annonce la parole de Dieu : à son air inspiré, à son geste qui montre le ciel, on devine le sujet de son discours. Il dit qu'une seule chose est nécessaire, et que tout le reste n'est rien.

Les connaisseurs relèvent quelques négligences d'exécution dans certaines parties de ce tableau : mais l'ensemble de la scène est traité d'une manière supérieure.

6ᵉ TABLEAU.

SAINT BRUNO QUITTE LE MONDE.

Le discours du Saint a entraîné plusieurs de ses auditeurs : ils sont déterminés à le suivre dans la solitude. Un de ses disciples montre par son geste le zèle et la ferveur dont son cœur est rempli. Un autre embrasse son vieux père; l'heure des adieux a sonné. On remarque dans toutes ces attitudes de la sensibilité, du calme et une fermeté immuable de résolution.

7ᵉ TABLEAU.

APPARITION DE TROIS ANGES A SAINT BRUNO, PENDANT SON SOMMEIL.

Le pinceau de Le Sueur a emprunté ce beau sujet de l'imagination féconde de dom Zacharie Benedetti, chartreux de Venise au 15ᵉ siècle, lequel a consacré plusieurs pages d'un poëme latin de douze cents vers à cette vision de saint Bruno.

Tout dans ce tableau est de l'ordre le plus élevé. La figure du saint est noble : elle reflète la tranquillité et la paix de son cœur. Le groupe des trois anges est posé avec une grande habileté, et il y a beaucoup de dignité dans leur attitude.

8ᵉ TABLEAU.

SAINT BRUNO ET SES COMPAGNONS DISTRIBUENT LEURS BIENS AUX PAUVRES.

Saint Bruno et ses amis distribuent leurs biens aux pauvres. Ceux-ci entourent le perron d'où se fait cette distribution; ils se pressent en foule; ils s'agitent pour recevoir la part qui leur est destinée, et plus encore s'il est possible. La cupidité est en présence du désintéressement. Le peintre a tiré un excellent parti de ce contraste : il a parfaitement saisi d'un côté l'empressement et l'avidité, de l'autre le calme et le mépris des biens de ce monde.

Nota. Le tableau qui suit ne fait point partie des vingt-deux compositions de Le Sueur.

Examinons-le cependant, car il représente un fait qui appartient à la vie de notre Saint. Il a pour sujet le songe pendant lequel saint Hugues, évêque de Grenoble, aperçoit sept brillantes étoiles dans la direction du Désert de Chartreuse ; vision allégorique dont le prélat put bientôt vérifier le sens, quand Bruno et ses six compagnons arrivèrent auprès de lui.

Le peintre chargé de reproduire ce trait historique, a commis ici une erreur dont Le Sueur ne s'est pas préservé non plus : il a représenté saint Hugues sous les traits d'un vieillard, tandis qu'il était dans la force de l'âge lorsque saint Bruno vint le trouver à Grenoble.

Au reste, la seule inspection de ce tableau suffit pour faire reconnaître qu'il n'est pas de la même main que ceux au milieu desquels il se trouve.

9ᵉ TABLEAU.

ARRIVÉE DE SAINT BRUNO A GRENOBLE.

Sept étoiles ont brillé dans le ciel : sept voyageurs s'arrêtent devant le palais de l'évêque de Grenoble. Voici bien la réalisation du songe prophétique. Le saint prélat accourt, et s'empressant de relever les pieux voyageurs agenouillés sur les degrés de l'entrée de sa demeure, il les reçoit avec une prévenante bonté.

Ce tableau se distingue par la grande beauté de son ordonnance et la franchise de son exécution.

10ᵉ TABLEAU.

SAINT HUGUES CONDUIT SAINT BRUNO ET SES COMPAGNONS AU DÉSERT DE CHARTREUSE.

Saint Bruno touche au terme de ses désirs : bientôt il sera séparé du monde par des rochers presque inaccessibles. Le saint évêque de Grenoble conduit lui-même la pieuse caravane au Désert de Chartreuse. Des guides le précèdent et lui montrent le chemin. A l'aspect des lieux sauvages qui se présentent aux regards des voyageurs, un des compagnons du Saint exprime sa surprise et même son effroi ; mais Bruno, tranquille à cette vue, ne paraît trouver en ce lieu que ce qu'il avait cherché.

Le fond du tableau représente les montagnes mêmes du Désert.

11e TABLEAU.

SAINT BRUNO EXAMINE LE PLAN DU MONASTÈRE.

Le Sueur a trouvé dans son imagination le sujet de cette composition, qui forme un anachronisme complet ; car lors de leur établissement dans ces montagnes les nouveaux solitaires n'habitèrent d'abord que des cabanes de bois. Cependant ce tableau n'est point au-dessous des autres par le mérite de l'exécution. L'architecte est bien dans le caractère de l'artiste. Il démontre avec chaleur et vivacité le plan qu'il a tracé. Saint Bruno l'examine avec le calme de la sagesse.

12ᵉ TABLEAU.

SAINT BRUNO REÇOIT DE SAINT HUGUES L'HABIT RELIGIEUX.

Le prélat, en habits pontificaux et assisté de deux chapelains, passe lui-même à Bruno le vêtement blanc. Les compagnons du Saint prient avec ferveur en attendant celui qui leur est réservé. Plusieurs autres personnages qui sans doute font partie de la suite du prélat, contemplent cette scène, que le peintre a su agrandir en ouvrant une arcade sur le cloître. Le Sueur est parfaitement entré dans l'esprit de son sujet. Tout dans saint Hugues respire la dignité apostolique; l'attitude de saint Bruno respire l'humilité qui convient à cette cérémonie. La figure des deux religieux qu'on remarque sur le premier plan est pleine de simplicité et de candeur.

CHAPITRE III.

13ᵉ TABLEAU.

LE SOUVERAIN PONTIFE VICTOR III APPROUVE L'INSTITUT DES CHARTREUX.

Ce tableau est l'un des plus remarquables de la collection. L'art a remplacé l'action : cependant il intéresse au plus haut degré. Le souverain pontife, entouré du sacré collége, est monté sur son trône pour faire lire en plein consistoire la règle des nouveaux solitaires. Les cardinaux écoutent avec une attention marquée : quelques-uns même révèlent par l'expression de leur physionomie l'admiration qu'ils éprouvent.

14ᵉ TABLEAU.

SAINT BRUNO DONNE L'HABIT DE SON ORDRE A UN NOVICE.

Ce sujet rentre tout à fait dans celui de l'avant-dernière composition. Il est parfaitement identique quant au fond, la forme seule est différente : le génie ne se répète point. Saint Bruno donne à un jeune novice l'habit religieux qu'il a reçu lui-même de saint Hugues : on lit sur sa figure les sentiments de douceur, d'onction et de charité qui remplissent son cœur. La belle figure du novice contraste par son calme avec la douleur qu'on remarque sur celle de son père présent à la cérémonie, et qui voit briser toutes ses espérances. Un des assistants au lieu de chercher à le consoler, le félicite sur le généreux sacrifice de son fils : ce n'est point là la mort, c'est la vie.

15ᵉ TABLEAU.

SAINT BRUNO REÇOIT UN BREF D'URBAIN II QUI L'APPELLE A ROME.

La vertu du Saint est mise à une rude épreuve ; elle trouve dans la grandeur du sacrifice la force de l'obéissance. Saint Bruno lit avec attention et respect la lettre du souverain pontife qui l'arrache à sa chère solitude. Les compagnons du Saint comprennent qu'un malheur les menace ; aussi leur physionomie annoncet-elle l'inquiétude, tandis que celle du messager n'exprime que le sentiment d'une vive curiosité.

Tout est simple dans cette composition : l'artiste s'est renfermé strictement dans la pensée unique de son sujet. En toutes choses, la simplicité est l'expression la plus sûre de la vérité.

16ᵉ TABLEAU.

SAINT BRUNO ARRIVE DEVANT LE PAPE.

Ce sujet est la répétition forcée de la neuvième composition de cette belle galerie.

Saint Bruno arrive à Rome ; il se prosterne aux pieds du souverain pontife, qui s'apprête à recevoir dans ses bras son ancien maître. Deux camériers et quelques personnages complètent la scène.

17ᵉ TABLEAU.

SAINT BRUNO REFUSE LE SIÉGE ARCHIÉPISCOPAL DE REGGIO.

Pour le fixer plus près de lui, le souverain pontife lui offre l'archevêché de Reggio; mais le pieux solitaire le refuse. Au geste du Saint, on comprend le vif désir qu'il éprouve de rentrer dans la solitude que la seule obéissance et non l'ambition lui a fait quitter.

Cette action est rendue avec beaucoup de naturel, de clarté et de précision; la beauté, la force du coloris font plus que compenser quelques légères négligences relevées dans le dessin par les connaisseurs.

18ᵉ TABLEAU.

SAINT BRUNO ET SES NOUVEAUX DISCIPLES DANS LEUR DÉSERT DE CALABRE.

Pendant que Bruno, à genoux dans une grotte, adresse à Dieu de ferventes prières, ses compagnons défrichent le sol. Jusque dans ces occupations animées, que pour l'ordinaire les villageois accompagnent de leurs chants, ces solitaires font reconnaître leur amour de la retraite et du silence ; en travaillant ils sont recueillis : et ces livres d'heures qu'on voit à terre indiquent qu'ils interrompront leurs travaux pour prier. C'est ainsi que Le Sueur est toujours dans son sujet. L'effet général de cette composition est très-satisfaisant.

19ᵉ TABLEAU.

LE COMTE ROGER ARRIVE A LA SOLITUDE DE SAINT BRUNO.

Le sujet de cette composition est tiré de la légende et non de l'histoire, comme nous l'avons fait remarquer dans la vie de saint Bruno. L'artiste a trouvé dans cette légende un sujet heureux pour son pinceau. La poésie de l'art a le privilége de pouvoir remplacer la vérité de l'histoire.

Roger étant à la chasse rencontre donc fortuitement Bruno, qu'il trouve en oraison dans une grotte écartée. Aussitôt il descend de cheval et met un genou en terre, témoignant par cette attitude sa surprise et son admiration. Cependant ses chiens, qui l'ont averti de cette rencontre, aboient fortement contre l'inconnu, et son cheval dont il a lâché la bride attend patiemment son maître.

20ᵉ TABLEAU.

SAINT BRUNO APPARAIT EN SONGE AU COMTE ROGER, ET LUI DÉCOUVRE UNE CONSPIRATION.

Le jour n'a pas encore commencé à poindre ; c'est l'heure de la trahison. Dans la plaine, non loin de Capoue, on aperçoit l'armée du comte plongée dans le sommeil, et les troupes qui s'avancent pour la surprendre ; mais à la vue et à la voix de Bruno, Roger s'éveille : il saisit ses armes et s'élance hors de son lit, pendant qu'un de ses gardes éveille son camarade.

L'artiste a parfaitement rendu le désordre que doit nécessairement occasionner une semblable alerte.

21ᵉ TABLEAU.

MORT DE SAINT BRUNO.

Saint Bruno, entouré de ses disciples, s'endort dans la paix du Seigneur. Il est étendu sur son lit de mort ; ses mains sont jointes sur sa poitrine. Si ce n'était la pâleur de son visage, on dirait qu'il prie. Le Sueur s'est surpassé ici par la beauté des draperies, qu'il exécute toujours avec tant de supériorité ; mais cette composition est plus remarquable encore par la variété dans les expressions des diverses figures. Chacun des religieux qui entourent le mourant a son genre particulier de douleur. Les reflets que le cierge allumé projette sur tous les visages leur donnent une teinte qui est en complète harmonie avec la tristesse de la scène. Le coloris et le dessin sont dignes de la belle ordonnance du tableau. A notre avis, c'est le chef-d'œuvre de la collection.

22ᵉ TABLEAU.

APOTHÉOSE DE SAINT BRUNO.

Après avoir mis sous nos yeux les épreuves et les combats de la vie militante, il était naturel de nous en montrer le triomphe. Le peintre a représenté son héros emporté par les anges au sein de l'immortelle patrie. Quoiqu'il traverse encore les espaces de l'air, déjà l'extase des bienheureux anime ses traits et il goûte la joie des élus. Cette dernière composition termine avec bonheur la belle collection que nous venons de parcourir.

Nota. Ces deux derniers tableaux se trouvent dans la salle faisant suite à celle du chapitre général, de même que deux autres encore qui se rattachent à la collection de Le Sueur, et dont le premier représente une assemblée de cardinaux où le souverain pontife Léon X autorise les chartreux à rendre un culte à leur saint fondateur, et le second la fontaine qu'un miracle a fait jaillir de son tombeau en Calabre, et où des malades et des infirmes vont puiser le remède à leurs maux.

CHAPITRE IV.

Du genre de vie des Chartreux [1].

> La vie du monde cache les épines sous les fleurs ; la vie religieuse cache les fleurs sous les épines.

La vie monastique, qui a eu ses commencements et ses premiers modèles dans de saints personnages de l'ancienne loi, ne reçut son complément et sa der-

---

(1) Ce chapitre est destiné à fournir la réponse à un grand nombre de questions que font journellement soit aux religieux, soit aux frères chargés de les recevoir, les visiteurs de la Grande-Chartreuse.

nière perfection que sous la loi de grâce. Elle n'est au reste que la mise en pratique des conseils dont Jésus-Christ même est l'auteur. Aussi dès les premiers âges de l'Eglise vit-on un grand nombre de chrétiens, prenant ces conseils pour règle de leur conduite, renoncer au monde et fuir dans la solitude afin d'y vaquer plus librement à la contemplation des choses célestes et aux exercices de piété et de pénitence. On sait quelles vertus illustrèrent dès le troisième siècle les déserts de la Thébaïde. D'abord ceux qui s'y réfugiaient vécurent séparés les uns des autres, et furent pour cette raison appelés solitaires, ermites ou anachorètes. Plus tard, sous saint Antoine et principalement sous saint Pacôme, beaucoup d'entre eux commencèrent à se réunir sous une règle commune et sous la dépendance d'un supérieur. On les appela cénobites. Les uns et les autres furent connus sous la dénomination générique de moines ou religieux.

Dans le ive siècle saint Basile s'occupa le premier à recueillir les coutumes des religieux vivant en communauté, et il en fit une règle écrite, qui est encore observée aujourd'hui dans la plupart des monastères d'Orient.

En Occident, saint Benoît, vers le commencement

du vi⁰ siècle, rédigea à son tour un code monastique, qui devint comme le type de la plupart des règles données dans la suite aux communautés religieuses de l'Europe. Il partagea le temps de ses disciples entre les exercices spirituels, la récitation, le chant des offices divins, et le travail des mains. Il leur prescrivit l'abstinence, le jeûne, et leur fit un devoir des austérités que pratiquaient librement presque tous les chrétiens des premiers siècles.

Même au point de vue humain, nos historiens modernes professent une grande estime pour celui qu'ils ont appelé le législateur des moines du moyen âge. Ils lui attribuent d'avoir ennobli le travail manuel et préparé par là la destruction de l'esclavage et du servage. Ils ajoutent qu'il ouvrit des asiles où se réfugièrent les lettres et les sciences, et qui finirent par devenir le berceau d'une civilisation nouvelle. Ces résultats obtenus par l'institution de la vie cénobitique dans un temps où la force brutale et la barbarie dominaient dans le monde, sont incontestables, et commandent nécessairement l'admiration de tout esprit sensé. Mais ils n'entraient pas dans les vues de saint Benoît quand il écrivit sa règle. Il n'avait point d'autre but que de conduire à la perfection évangélique les hommes qui s'y sentiraient appelés par une vocation particulière, et de les réunir sous une discipline uniforme et propre à prévenir les égarements des imaginations vives ou déréglées.

Le xi⁰ siècle vit naître saint Bruno qui fut amené par une inspiration de la grâce, à modifier pour l'Ordre qui lui doit sa naissance l'œuvre de saint Benoît. La solitude lui présentait les moyens de salut après lesquels il soupirait depuis longtemps; et ne voulant pas cependant renoncer aux avantages bien reconnus de la vie cénobitique ou commune, il chercha à réunir et à concilier ceux de ces deux états dans la manière dont il régla le nouveau genre de vie auquel lui et ses compagnons voulaient se vouer, et que nous avons maintenant à faire connaître.

Il ne sera pas hors de propos de dire auparavant quelque chose du supérieur général, qui est comme l'âme de tout l'Ordre, et des assemblées capitulaires, ainsi que des novices et de la profession. C'est ce que nous allons faire brièvement.

Du Supérieur général de l'Ordre, et du Chapitre général.

Quoique chaque maison de l'Ordre nomme son supérieur, auquel on donne le nom de prieur, on peut regarder comme un véritable privilége accordé aux religieux de la Grande-Chartreuse la faculté qu'ils ont de nommer le leur, vu qu'il se trouve de plein droit supérieur général de tout l'Ordre. On lui donne le nom de Révérend Père (1). Tous les autres religieux, même les prieurs, sont appelés vénérables.

Le Révérend Père n'a rien à l'extérieur qui le distingue des simples religieux. L'esprit de simplicité a été de tout temps l'esprit de l'Ordre, et les Supérieurs en ont toujours donné l'exemple. Voici entre autres, un fait qui le prouve. Sous le généralat de Guillaume Raynaldi, le pape Urbain V voulut que les prieurs de la Grande-Chartreuse prissent le titre d'abbé (2); mais l'humble Général, tout en témoignant sa profonde reconnaissance au souverain Pontife, le supplia avec tant d'instance de ne pas l'obliger à accepter cette distinction, que le pape édifié finit par se rendre à ses prières.

Il est dans les attributions du Révérend Père ou supérieur de convoquer tous les trois ans le chapitre général, qui doit toujours se tenir à la Grande-Char-

---

(1) Voir ci-dessus la note au bas de la page 80.

(2) On sait que le titre d'abbé donne ordinairement aux supérieurs réguliers le droit de porter la crosse et la mitre comme les évêques.

treuse, comme étant le berceau et le chef-lieu de l'Ordre. Le chapitre étant assemblé, tous les supérieurs de maisons, sans en excepter le Révérend Père, demandent leur démission (ce qui s'appelle dans l'Ordre demander miséricorde), laquelle, au reste, n'est acceptée que dans des cas très-rares. Le chapitre général s'occupe de tout ce qui peut concourir au maintien de la discipline et de la régularité dans tout l'Ordre, et très-secondairement seulement du temporel de chaque Maison. Saint Bruno qui domine de dessus son piédestal la salle capitulaire et tous les généraux placés autour du plafond, ainsi que nous l'avons vu, semblent être là pour dire aux Prieurs : Veillez à ce l'on conserve toujours dans l'Ordre l'esprit de vos pères.

Du Novice et de la Profession.

Quand un sujet demande à entrer dans l'Ordre, il est examiné avec soin; et si l'on reconnaît en lui des marques de vocation, et qu'il réunisse en outre les conditions requises, on *le met en cellule.* Une des principales de ces conditions est de pouvoir être promu aux saints Ordres, auxquels tous les religieux de chœur sont destinés; et c'est pour cette raison qu'on est dans l'usage de ne recevoir aucun sujet qui n'aurait pas fait ses classes de latin et même un cours de philosophie.

Dès qu'il est en cellule, bien qu'il ne soit encore que *postulant*, le nouveau reçu garde les observances et assiste à tous les offices en habit séculier et couvert d'un manteau.

Lorsque pendant ce temps de la première épreuve, qui est d'un mois environ, il a montré un véritable zèle pour le genre de vie qu'il désire embrasser, il est proposé à la communauté pour la prise d'habit. Si la majorité des suffrages a été pour son admission, après une exhortation sur les obligations de l'état dont il va faire un essai, on le revêt de l'habit de l'Ordre, et il commence son noviciat, qui est aujourd'hui de deux ans.

Pendant toute la durée de cette seconde épreuve, il est spécialement dirigé par le maître des novices, qui le porte aux vertus qui font le vrai chartreux.

Plus le temps de la profession approche, plus on sonde ses dispositions; et quand après de sérieux examens on croit qu'il a une vocation réelle, un mois environ avant la fin du noviciat, il demande comme une grâce à tous les religieux assemblés au chapitre d'être admis à la profession. S'il a été reçu, et qu'il renouvelle la même demande à deux autres reprises différentes, il prononce ses vœux à la messe conventuelle d'un jour de fête.

Nous avons assisté une fois à cette cérémonie dont les prières sont très-belles et qui offre des détails pleins d'intérêt. Il y a surtout un moment fort touchant : c'est celui où le novice fait le tour du chœur, s'agenouille devant chaque religieux, et lui dit d'une voix émue en baisant le bois des stalles : *Ora pro me, pater*, priez pour moi, mon père.

Voilà le novice devenu religieux. Exposons maintenant les devoirs qu'il a à remplir, en mettant sommairement sous les yeux du lecteur les observances de l'Ordre qui vient de le recevoir au nombre de ses membres.

Principales Observances.

Les chartreux étant tout à la fois cénobites et solitaires, nous allons les considérer sous ces deux rapports.

Comme cénobites, ils se réunissent tous les jours à l'église pour la célébration de l'office divin. Les jours ordinaires ils s'y rendent trois fois; dans la nuit pour chanter les matines de l'office canonial, le matin pour la messe conventuelle, après laquelle ils se retirent dans les chapelles particulières pour y dire ou servir une messe basse, et le soir vers les trois heures pour vêpres. Mais les dimanches et fêtes, tout l'office divin se chante à l'église. Les jours fériaux, les vêpres sont suivies de l'office des morts, qui se psalmodie.

Les dimanches et fêtes ils prennent leur repas au réfectoire, où l'on fait toujours une lecture, et où il n'est du reste jamais permis de rompre le silence.

Ils se réunissent une fois par semaine pour le spaciment ou promenade, qui dure environ trois heures.

Enfin il est loisible à chacun d'assister les jours de fête à une récréation en commun.

Ces adoucissements accordés par la règle servent à la dilatation du cœur, par le doux épanchement que permettent la charité et l'union fraternelle. Il est inutile d'observer que les statuts interdisent les jeux, la musique et tout ce qui est contraire à une vie d'oraison et de recueillement.

Comme solitaires, les chartreux passent tout le reste du temps dans leur cellule, où ils ne reçoivent personne sans permission, et d'où ils ne sortent que pour se rendre à l'église aux heures des offices seulement, ou chez le supérieur, quand quelque chose de nécessaire ou d'important les y appelle.

Or voici ce qui occupe le chartreux dans sa solitude. Outre les parties de l'office canonial qui ne se chantent pas à l'église, il a encore à dire en particulier l'office de la sainte Vierge; et le temps assez court que lui laissent de libre la récitation de ces divers offices et ses exercices de piété, se partage, suivant l'attrait de chacun, entre l'étude et le travail manuel.

Les études des enfants de saint Bruno sont celles qui conviennent au prêtre, ou à celui qui doit le devenir. Telles sont les divines Ecritures, les saints Pères, la théologie. Quant au travail manuel, qui, sans être commandé par la règle, est seulement accordé pour servir de délassement à l'esprit et entretenir les forces corporelles, il consiste ordinairement à s'occuper au tour ou à quelque ouvrage de menuiserie, à relier des livres, à fendre ou à scier du bois, à cultiver son petit jardin, etc.

Tous les jours de l'année les chartreux se lèvent la nuit, après environ quatre heures de sommeil. La cloche les avertit d'abord de dire en cellule les matines de l'office de la sainte Vierge, et trois quarts d'heure après, elle les appelle à l'église pour y chanter celles de l'office canonial vers le milieu de la nuit, c'est-à-dire pendant ce même temps qui s'emploie trop souvent dans nos grandes cités à goûter des plaisirs dangereux ou coupables.

Les étrangers qui aiment à se procurer le religieux plaisir d'assister à l'office de la nuit, éprouvent souvent des impressions bien profondes, surtout quand c'est un jour de grande fête, où les offices sont chantés avec plus de solennité. Nous nous trouvions seul avec un ami dans la tribune, la première fois que nous y assistâmes. Nous vîmes arriver au chœur tous les pères, les profès en habits blancs, les novices avec leurs chapes noires, et portant chacun leur petite lanterne. Ils se rangèrent dans leurs stalles à la lueur de quelques flambeaux. Bientôt ils commencèrent à chanter sur un mode lent et grave, avec des voix fortes et sonores. Une grande partie de leur office se récite de mémoire. De temps en temps tous leurs flambeaux s'éteignent ou se cachent, et alors il n'y a guère que la lampe du sanctuaire qui répande au milieu des ténèbres ses vacillantes clartés. On ne voit plus dans le chœur que des formes vagues ou indécises ; on dirait des fantômes collés contre les parois de la muraille. L'office des morts terminé, les chants sont interrompus par un silence complet. Ce silence joint à l'obscurité de la nuit vous émeut jusqu'au fond de l'âme, et fait éprouver au plus indifférent un frémissement religieux. Notre ami en cet instant céda à son émotion involontaire, et, nous serrant la main, il nous dit tout bas : « Voilà qui est plus saisissant que » les plus éloquentes prédications ! »

De retour dans leur cellule, les religieux s'acquittent d'une autre partie de l'office de la sainte Vierge et prennent ensuite, après environ quatre heures de veilles, un sommeil de deux ou trois heures.

Les chartreux jeûnent environ huit mois de l'année, et la règle n'accorde pour toute collation le soir que trois à quatre onces de pain avec un peu de vin. Ils observent si rigoureusement l'abstinence perpétuelle de tout aliment gras, que même le cas de maladie grave n'est pas excepté. Ils s'abstiennent en outre d'œufs et de laitage pendant l'Avent et le Carême, tous les vendredis de l'année, et à certains jours particuliers. Enfin un jour de chaque semaine, qui est ordinairement le vendredi, ils se contentent de pain et d'eau, sauf cependant ceux que l'âge, les infirmités ou d'autres raisons mettent dans le cas d'être dispensés de ce point de la règle.

CHAPITRE IV.

Ils n'ont pas l'usage du linge. Ils couchent sur une simple paillasse, et sont continuellement revêtus du cilice. Ils portent aussi en tout temps la tête rasée. Quant à la barbe, ils ne se la font raser qu'en même temps que la tête, c'est-à-dire deux fois par mois.

On a pu remarquer par ce court exposé que chez les chartreux les austérités sont tempérées par une sage discrétion, de telle sorte que si l'on trouve dans leur genre de vie de quoi mortifier la nature, il n'y a cependant pas de quoi l'accabler.

Mais nous n'avons guère fait connaître dans ce que nous venons de dire, que le matériel, en quelque sorte, de la vie du religieux chartreux. Peut-être plusieurs de nos lecteurs ne seront pas fâchés de voir maintenant quel en est l'esprit intérieur, et quelles sont les vertus à la pratique desquelles il doit s'appliquer pour être un véritable enfant de saint Bruno. Or c'est là ce qui va faire le sujet du chapitre suivant.

Il ne convient pas de terminer celui-ci sans dire quelques mots des frères. C'est ainsi qu'on nomme, pour les distinguer des religieux de chœur, appelés pères, des laïques, qui ont toujours été reçus dans l'Ordre pour y vaquer aux travaux extérieurs.

Avant d'être admis à contracter des engagements

irrévocables par la profession, ils ont à subir de longues épreuves; car ce n'est qu'après neuf ans qu'ils peuvent passer de l'état de frère *donné* à celui de frère *convers*.

Le frère *donné* n'étant lié par aucun vœu, peut se retirer ou être congédié pour de justes raisons. Il porte les jours ordinaires un habit religieux de couleur brune, lequel est remplacé les dimanches et jours de fête par un habit blanc, tandis que le frère convers, c'est-à-dire celui qui a émis les vœux de religion, porte l'habit blanc en tout temps, et de plus laisse croître sa barbe et a la tête rasée.

Pendant l'hiver, c'est-à-dire depuis la Toussaint jusqu'à Pâques, les uns et les autres assistent à l'office de la nuit, et le reste de l'année seulement les dimanches et les principales fêtes, jours auxquels ils assistent aussi à tous les offices de la journée. Ils ont outre cela un certain nombre de prières à réciter tous les jours, à la place de l'office divin dont s'acquittent les religieux de chœur.

Du reste les obligations des frères donnés ne sont pas aussi étroites que celles des convers. Non-seulement ils n'ont pas autant de prières à réciter, mais ils ont aussi moins de jeûnes à observer, et peuvent même faire gras hors de l'enceinte du monastère.

CHAPITRE V.

Idée d'un véritable Chartreux.

Un véritable chartreux est un homme qui, détrompé de la vanité du monde et de ses charmes, s'est consacré pour jamais à la pénitence dans une profonde retraite, et s'y est enseveli comme dans un tombeau pour y mourir à lui-même et à ses passions. Séparé de corps du monde, il en est encore plus éloigné d'esprit et de cœur. Persuadé que le souvenir en est toujours dangereux pour un solitaire, chez qui les impressions sont ordinairement plus vives, il tâche de l'effacer entièrement de sa mémoire et d'interdire à son imagination toute liberté de s'y promener. Totalement étranger aux événements qui se succèdent sur cette scène d'une agitation perpétuelle, il ne se laisse point aller à la curiosité de s'informer de ce qui s'y passe, ni des nouvelles qu'on y débite. N'ayant d'autres vues que de couler ses jours dans l'obscurité et de s'y préparer au jugement de Dieu, il médite sans cesse les années éternelles qui doivent suivre le peu de jours qu'il a à vivre; et toujours occupé du terme de sa carrière, il ne pense qu'aux moyens à prendre pour l'achever heureusement.

Il garde une solitude volontaire, où désoccupé des choses présentes et oubliant toutes les créatures, il ne pense qu'au Créateur et à ses perfections; où, adonné aux exercices d'une pénitence laborieuse, il triomphe de la chair et de ses révoltes, du monde et de ses plaisirs, du démon et de ses attaques; où enfin, par la douceur des divins cantiques, l'application aux lectures spirituelles, la ferveur dans la prière, les ardeurs de l'oraison, il sanctifie tous ses moments et s'unit à Dieu de la manière la plus intime.

Il n'est jamais moins seul que lorsqu'il est seul, parce que c'est alors que Dieu lui est plus présent et qu'il en est plus occupé. Quoique caché aux yeux des hommes, il ne croit pas pouvoir pour cela se donner plus de liberté dans sa conduite, parce qu'il est attentif à ce maître invisible qui pèse toutes ses actions dans la balance de sa justice.

Renfermé dans l'intérieur de sa cellule, il ne cherche point d'occasions furtives d'en sortir et de se répandre avec les hommes; mais ne la quittant que par nécessité et par obéissance, il y rentre au plus tôt par devoir et par inclination. Aimant mieux parler à Dieu des besoins des hommes que d'entretenir les hommes des grandeurs de Dieu, il borne ses conversations à celles que la règle permet, et alors même en voit toujours arriver la fin avec plaisir. Il ne reçoit les visites des séculiers qu'avec la permission expresse de ses supérieurs, et toujours sans les désirer et sans les provoquer.

Sincère amateur du silence, il ne le rompt jamais que dans les cas prévus et les endroits marqués par les statuts, et toujours sans passer les bornes d'une juste nécessité.

C'est un homme, qui, entièrement dégagé des choses extérieures, ne s'entremêle dans aucune affaire étrangère ou domestique, et qui, choisissant pour soi la part de Marie comme la plus avantageuse, abandonne les fonctions tumultueuses de Marthe à ceux que la Providence en a chargés. Uniquement occupé à plaire à Dieu, il n'ambitionne point une réputation qui pourrait lui devenir une tentation continuelle de vanité. Cherchant à vivre inconnu et se bornant au seul témoignage de sa conscience réglée sur l'évangile et sur ses constitutions particulières, il ne brigue ni l'estime ni l'approbation des hommes, parce qu'il sait que leurs jugements sont souvent faux et passionnés, et ne peuvent le rendre ni plus juste ni plus coupable.

Quoiqu'il ne se communique à ses frères qu'autant que la règle le permet et la charité le demande, il conserve néanmoins toujours à leur égard les sentiments d'une amitié sincère, dont il est disposé à leur donner des marques aux dépens même de tous ses intérêts. Plein d'estime pour eux, il n'en parle qu'avec éloge, et ferme exactement l'oreille à tout ce qui pourrait affaiblir l'idée qu'il en a.

S'il se trouve en leur compagnie dans les temps permis, c'est pour les édifier par sa retenue, par la simplicité de ses manières et par la piété de ses discours, sans jamais se laisser aller du reste à des familiarités peu convenables à la sainteté de son état. Il ne s'attache à aucun d'eux par des motifs humains et uniquement fondés sur la sympathie de l'humeur ou sur des intérêts particuliers, et n'entretient point de liaisons secrètes aux dépens de la charité commune; mais il aime tous ses confrères avec une affection égale, dont Dieu est le principe et la fin. Plein de respect pour eux parce que les humbles sentiments qu'il a de lui-même les lui font regarder comme beaucoup au-dessus de lui, il ne les interrompt jamais dans la conversation; mais après les avoir écoutés attentivement, il leur répond avec modestie. Parfaitement instruit des fautes innombrables que la langue fait commettre lorsqu'elle n'est pas réglée par la prudence, il ne parle jamais qu'avec beaucoup de réserve et de circonspection. Renonçant à son propre sens dans les choses même où la raison est de son côté, il s'éloigne de toute contestation, aimant mieux céder que de l'emporter en disputant. Zélé néanmoins pour la vérité, il en prend ouvertement la défense, mais toujours sans aigreur. Attentif à chercher les moyens de pratiquer l'humilité, il cache les talents que Dieu lui a départis, plutôt que de s'exposer à se les rendre dangereux et nuisibles par l'ostentation. Il évite encore de faire paraître, quand on lui demande son sentiment sur quoi que ce soit, un air de capacité et de suffisance tout à fait incompatibles avec la simplicité religieuse. De là vient que craignant jusqu'à l'ombre de la vanité, il s'abstient quelquefois, à l'exemple du prophète, de parler sur des matières de piété, de peur que l'orgueil ne s'y glisse, surtout lorsque la charité et l'édification du prochain ne le demandent pas. Persuadé que sa vie doit être une vie de pénitence, de componction et de larmes, il s'abstient de toute raillerie et de tout conte indécent, qui, d'après saint Bernard, pourraient passer pour bagatelles chez des séculiers, mais dégénèrent en fautes graves dans la bouche d'un religieux, dont la fonction est de louer Dieu et de porter les autres à le bénir. Il parle de tout ce qui regarde sa profession et des moyens à prendre pour y vivre saintement.

Un véritable chartreux est un homme qui, sachant bien qu'en changeant de demeure par sa propre volonté on ne fait que changer de peines, sans en recevoir presque aucun soulagement, n'importune jamais ses supérieurs pour en obtenir, sur des raisons frivoles, un changement toujours accompagné de danger et dont il est rare que le succès soit heureux; qui n'écoute pas même le spécieux prétexte de trouver un air plus favorable à sa santé, parce qu'il en a déjà fait un sacrifice à Dieu, et qu'il en regarde l'altération comme une suite naturelle de son engagement. Eloigné de rechercher des soulagements étrangers à sa pénitence et capables de l'affaiblir, il n'expose ses besoins que lorsqu'ils sont réels et toujours avec soumission. Evitant néanmoins de tomber par sa faute dans une indiscrétion parfois aussi dangereuse que le relâchement, il a assez d'humilité pour se déclarer infirme lorsqu'il l'est véritablement, et pour user avec sobriété et actions de grâces des secours que la charité de ses supérieurs lui procure, sans néanmoins les désirer avec empressement, et sans jamais se plaindre lorsqu'ils ne sont ni aussi abondants ni aussi prompts qu'ils pourraient l'être.

C'est ainsi que, lorsque Dieu l'afflige de quelque maladie, il se soutient, à l'exemple de Job, par la patience. Résigné à souffrir aussi longtemps que la Providence jugera à propos de faire durer ses épreuves, il ne s'en autorise point pour demander à être mieux traité que sa condition de religieux ne le permet; mais se souvenant de ce que saint Benoît dit dans un endroit de sa règle, il conserve l'esprit de son état au milieu de ses infirmités les plus fâcheuses, comme dans les plus beaux jours d'une santé parfaite, à dessein de s'éloigner en tout de la délicatesse des gens du monde. Satisfait des remèdes les plus simples et tels qu'ils peuvent se trouver dans son monastère, il ne désire ni potions, ni élixirs, ni remèdes extraordinaires, aimant mieux que sa santé, dont le recouvrement pourrait même lui être nuisible, se détruise par la pénitence, que de la conserver aux dépens de la mortification.

N'oubliant pas ce à quoi l'oblige son vœu de pauvreté, il se contente de ce que son monastère lui fournit, et apprend à se passer de tout ce qui n'est point absolument nécessaire. Sachant qu'il n'a pas le domaine des choses qui lui sont accordées seulement pour son usage, il ne s'avise point d'en disposer jamais à son gré; mais il a soin de ne rien demander, recevoir, changer, ni donner, sans une permission préalable. Comme il n'a d'attache et d'affection à rien, il est toujours prêt à remettre entre les mains de son supérieur tout ce que ce dernier jugerait à propos de lui demander. Enfin il ne tâche point d'adoucir la pauvreté par mille petites recherches et commodités si contraires à la perfection de cette vertu, qui est peu de chose aux yeux de Dieu quand elle ne manque de rien, et s'accoutume par là à avoir peu de besoins, et encore moins de désirs.

Convaincu que l'obéissance est un des plus précieux avantages de l'état qu'il a embrassé et la source d'une grande abondance de grâces, il la pratique avec une fidélité persévérante et indépendamment de ses inclinations ou de ses répugnances. Comme il regarde ses supérieurs avec les yeux de la foi, il est toujours disposé à faire leur volonté plutôt que la sienne ; plein de confiance en eux, il se soumet aveuglément à leur conduite, et suit leurs avis de point en point.

Comme il sait que les règles sont la manifestation de la volonté de Dieu à son égard, il s'y attache inviolablement, et se donne bien de garde de les transgresser, même dans les choses les plus légères. Plein de zèle pour les sages pratiques qui ont sanctifié ses pères et ennemi de tout ce qui pourrait affaiblir la rigueur des observances régulières, il ne demande jamais aucune dispense capable d'introduire le relâchement et de devenir à ses frères une occasion de scandale et de chute. Attentif à l'esprit de la loi dont la lettre tue lorsqu'elle est seule, il ne substitue point de pratiques contraires à des devoirs essentiels ; mais il accomplit la règle dans tous ses points, parce qu'il n'ignore pas que, d'après le témoignage de l'Esprit-Saint, le mépris des petites choses conduit insensiblement au mépris des plus grandes.

Regardant le temps comme renfermant en soi le prix et la valeur de l'éternité, il évite tout ce qui n'en serait qu'un frivole usage ou qu'un inutile emploi. D'une grande fidélité à s'acquitter de ses exercices dans les temps marqués, il n'en retarde ou n'en avance point le moment sans une raison légitime, et s'il lui arrive d'être obligé de les interrompre ou de les laisser tout à fait, il les reprend dès que la cause de cette interruption cesse et qu'il devient libre. Exact à obéir au premier son de la cloche, il quitte tout pour se rendre de suite où elle l'appelle.

Un homme de ce caractère s'acquitte de tout ce qui regarde le service de Dieu, avec une vigilance, un zèle et une ferveur dignes du maître qu'il sert. Il ne paraît jamais devant lui, dans le temps de l'office divin, sans rappeler sa foi et sa religion. Unissant dans la psalmodie sa faible voix à celle des Séraphins et des vingt-quatre vieillards prosternés devant le trône de l'agneau, il chante les cantiques sacrés avec une attention et une piété qui répondent à la sainteté de cet exercice.

Pénétré de la présence réelle de Jésus-Christ dans l'auguste sacrement de nos autels, il assiste à la célébration des redoutables mystères avec une foi vive et un profond anéantissement de lui-même. Sachant qu'on ne peut jamais être trop pur pour les offrir ou pour y participer, il a soin de purifier souvent sa conscience par une confession humble, exacte et sincère.

Non content de prier avec ardeur pour les besoins de toute l'église, il étend encore sa charité sur tous les hommes, pour que Dieu les fasse parvenir à sa connaissance et les sanctifie selon l'ordre de sa Providence et selon la mesure des grâces qui leur sont destinées...

Ayant renoncé à toutes les sciences profanes et qui ne servent qu'à orner l'esprit sans régler le cœur, il n'étudie point pour devenir plus savant, mais uniquement pour s'instruire plus à fond de sa religion et se mettre en état d'en mieux remplir les devoirs. Il s'applique principalement à l'étude de la science des Saints, qu'il puise dans les Ecritures et dans les livres ascétiques; en un mot il ne lit que ce qui traite des devoirs de son état, et ce qui est capable de l'édifier et de le porter à Dieu, et ne cherche d'autres avantages des lumières qu'il acquiert que ceux de connaître la vérité et d'apprendre à la suivre en tout...

Uniquement jaloux de la pureté de l'âme par laquelle seule il peut plaire à Dieu, il n'affecte point une propreté trop curieuse et trop recherchée, sans néanmoins négliger la bienséance extérieure autant que la simplicité de son état peut le permettre...

Ne mangeant que par nécessité, et jamais avec sensualité, il est toujours content de la nourriture qu'on lui donne, ne se plaint point quand elle n'est pas à son goût, et n'en fait jamais la matière de ses entretiens...

Exempt de toute ambition pour les charges, il n'envie que les vertus de son état et l'avantage d'être le plus humble sans néanmoins chercher à le paraître, et borne ses prétentions pour ce monde à quatre murailles pendant sa vie et à quelques pieds de terre après sa mort. En un mot, libre de toute crainte et de toute espérance humaine, il fait un saint usage du présent et vit sans projets pour l'avenir; s'élevant au-dessus de tout ce qui est terrestre et sensible, il ne soupire qu'après l'éternité, à laquelle sa vie est une continuelle préparation par une suite de saints exercices dans lesquels il persévère jusqu'au dernier soupir. C'est alors que parvenu au terme de son pèlerinage, il remet en paix son âme entre les mains de son Créateur, et s'endort paisiblement du sommeil du juste.

Il est bon de remarquer que tout ce qu'on vient de

lire est comme calqué sur la règle, en telle façon que presque tout y correspond à un article des statuts, dont le numéro est cité en marge dans le petit écrit qui a fourni ce chapitre et que nous avons reproduit à peu près dans son entier.

Ces deux derniers chapitres ont exposé l'intérieur comme l'extérieur de la vie des religieux chartreux. Si l'on désire maintenant connaître les raisons pour lesquelles leur Ordre n'a jamais eu besoin de réforme (1), c'est surtout parce qu'ils ont constamment vécu dans un grand éloignement du monde, et qu'ils ont toujours évité avec le plus grand soin de faire des changements notables à leurs premières constitutions.

---

(1) *Cartusia nunquàm reformata, quia nunquàm deformata*, a dit un auteur étranger à l'Ordre.

CHAPITRE VI.

Vue générale du Désert. Course aux chapelles de Notre-Dame de Casalibus et de saint Bruno. Ascension au Grand-Som [1].

⁕

Lorsque vous serez sorti du monastère et que vous serez monté dans la prairie qui le domine, regardez

(1) La maison et ses habitants ainsi connus, il reste à jeter un coup d'œil sur l'ensemble du Désert, à visiter les deux chapelles qui s'y trouvent, et, pour les personnes qui en ont le temps et qui s'en sentent le courage, à faire la montée du Grand-Som. Aussi est-ce là ce qui va remplir ce chapitre.

autour de vous pour vous rendre compte du plan général de la partie du Désert au milieu duquel il est situé. On y retrouve la forme d'un amphithéâtre oblong et irrégulièrement ovale. Le sol du côté du midi est d'un niveau bien inférieur, il va ensuite s'élevant peu à peu et se termine par des mamelons étagés en quelque sorte les uns au-dessus des autres, jusqu'au lieu où se trouve placée la chapelle de saint Bruno. Un peu plus haut, le vallon est borné par des rochers escarpés qui l'entourent de toutes parts. A son autre extrémité, dans le bas, coule le torrent du Guiers-Mort, qui traverse le Désert depuis la porte du côté du Sappey jusqu'à celle du côté de Saint-Laurent-du-Pont. Ce torrent prend sa source dans les montagnes qui dominent Saint-Pierre-de-Chartreuse. On le nomme Guiers-Mort, parce que, dit-on, dans des années de très-grande chaleur, il est arrivé quelquefois que son lit est resté entièrement à sec.

L'extrémité du Désert du côté du nord est limitée par une montagne appelée le Col, au sommet de laquelle s'étend une prairie émaillée, au mois de juin, de mille fleurs diverses. La montagne du Col est commandée sur la droite par le rocher de Bovine ou Bovinant, et sur la gauche par celui d'Aliénard. Du côté du levant, le point culminant de ces chaînes dentelées qui se dessinent sur l'azur du ciel est occupé par le pic du Grand-Som, la plus élevée de toutes les montagnes qui entourent la Chartreuse (1). Du côté du midi, au delà du torrent, on aperçoit de loin la jolie bergerie de *Vallombrey*, placée au milieu d'une prairie en pente douce, et plus haut, la montagne appelée *Charmanson*, dont les hauteurs sont occupées par de beaux pâturages. Enfin vers le couchant, dans les replis du mamelon couvert de bois qui est en face du monastère, se cache un petit vallon où est la ferme de *Chartreusette*. On croit que c'est là que les premiers chartreux placèrent leurs troupeaux et leur exploitation rurale. Chartreusette est un but intéressant de promenade pour les voyageurs qui passent quelques jours à la Grande-Chartreuse.

Mais aussitôt après avoir vu le couvent, le voyageur ne manque guère de monter aux chapelles de Notre-Dame *de Casalibus* et de saint Bruno, situées comme nous l'avons déjà dit, à une demi-lieue au-dessus. Trois chemins à peu près parallèles conduisent à ces chapelles. On prend ordinairement celui du mi-

---

(1) Le Grand-Som est à 1800 mètres au-dessus du niveau de la mer.

lieu pour monter et celui de la prairie pour descendre.

La chapelle *de Casalibus*, bâtie en 1440, est dans un style simple et agreste; elle forme un carré long. Le devant est orné d'un péristyle, auquel on monte par un perron de plusieurs marches et qui est d'un effet assez gracieux. La couleur blanche de ce petit édifice se détache heureusement sur la verdure sombre des sapins qui forment le fond du tableau.

L'intérieur n'a rien de différent de ce qu'il était avant la révolution. La voûte est peinte en azur, d'une nuance très-vive, et parsemée du chiffre en or de la sainte patronne. Sur les parois des murailles sont peints deux rangs de cartouches, dont chacun renferme, en lettres dorées, un des versets des litanies de la sainte Vierge. C'est une idée heureuse, qui remplit ainsi des louanges consacrées par l'Eglise elle-même à l'auguste Mère de Dieu, le premier oratoire érigé en son honneur dans ces forêts.

Le tableau de l'autel représente les premiers disciples de Bruno prêts à quitter le Désert dans la douleur que leur cause son absence, et l'apparition de l'apôtre saint Pierre qui, leur montrant la sainte Vierge prête à les secourir, les invite à se mettre avec confiance sous sa protection, et à renoncer à leur funeste dessein.

A deux cents pas environ au-dessus de la chapelle de Notre-Dame, celle de saint Bruno se présente sur la gauche, assise sur un rocher à pic qui s'avance en forme de promontoire escarpé. Trois ou quatre sapins croissent dans ce rocher même, et projettent leur ombre sur la façade. Cette chapelle, avec son site original et pittoresque, a souvent exercé le crayon ou le pinceau du paysagiste. Au pied du petit chemin tournant qui y monte, une fontaine attire l'attention par le murmure de ses eaux toujours abondantes. C'est la fontaine de saint Bruno, dont nous avons parlé dans notre notice sur ce Saint.

Il paraît certain qu'il y avait là une espèce de grotte naturelle, où Bruno avait placé son oratoire, et à laquelle il avait adossé sa cabane.

Nous avons vu dans les Apennins la caverne sacrée (*Il sacro specco*), où saint Benoît passa plusieurs années dans une solitude complète, avant de fonder ses divers monastères. On y montre le banc de rocher qui lui servait de prie-Dieu et d'autel, la cavité plus reculée où il prenait son repos sur un lit de feuilles sèches. Tout est dans le même état qu'au temps où il en faisait sa demeure, et sa statue de marbre blanc, sculptée par Le Bernin, semble faire revivre le saint dans l'attitude d'une fervente prière, au lieu même où il appliquait son esprit et son cœur à Dieu par une oraison presque continuelle.

Ici on a recouvert l'autel même de saint Bruno, qui est de pierre, d'un autel de bois; de sorte que tout ce qui lui a servi est dérobé à votre vue. On avait au reste conservé intact ce monument de la naissance de l'Ordre jusqu'à l'année 1640. Ce n'est qu'à cette époque qu'un religieux de chartreuse, qui avait été élevé au siége épiscopal de Toulon, Jacques de Merly, fit construire la chapelle actuelle. Elle fut réparée en 1816 par les libéralités de la famille régnante. On lit sur le mur à gauche en entrant, une inscription qui rappelle cette fondation et cette restauration. En voici le texte :

HIC INCIPIT ORDO
CARTUSIENSIS, ANNO
DOMINI MILESIMO
OCTOGESIMO
QUARTO
R. D. D. JACOBUS DE MERLY,
ILLUSTRISSIMUS TOLONENSIUM ANTISTES,
AD ORDINIS CARTUSIENSIS INITIA GRATA
RECORDATIONE RECOLENDA, ANTIQUI SANCTI
BRUNONIS SACELLUM HIC CONSTRUCTUM
AUGUSTIORE ÆDE SACRA CIRCUMPLEXUS EST,
CIRCA ANNUM MDCXXXX.

Altare prædicti sacelli, nuper excisi,
huc usquè ab initio Ordinis immotum
perseverasse creditur, instructuque
ligneo ac picturato adornatum fuit,
anno Domini
MDCCCXX,
liberalitate principum, qui hunc locum,
sicut et sacellum B. N. à Casalibus, suis
expensis instorari voluerunt.

On peut traduire ainsi ce texte latin : « Ici com-
» mença l'Ordre des chartreux, l'an de grâce 1084.
» Le révérend dom Jacques de Merly, évêque de Tou-
» lon, pour consacrer par un acte de reconnaissance
» le berceau de l'Ordre des chartreux, fit entourer
» l'antique chapelle de saint Bruno, bâtie en ce lieu,
» d'une autre chapelle plus étendue, en 1640. L'au-
» tel de cette chapelle ruinée depuis peu de temps,
» lequel autel on croit avoir existé dès le commen-
» cement de l'Ordre, a été revêtu de bois peint et
» orné, en 1820, par la libéralité des princes, qui
» voulurent rétablir à leurs frais cette chapelle et
» celle de la Notre-Dame *de Casalibus.* »

M. Dupré Deloire, auteur d'un voyage à la Grande-
Chartreuse que nous avons consulté souvent et avec
beaucoup de fruit, critique avec une juste sévérité la
décoration intérieure de cette chapelle. « Quelques

» ouvriers sans goût, dit-il, se sont chargés d'en
» barbouiller les murailles intérieures. Dans le fond
» ils ont peint à leur manière quelques arbres, mi-
» sérable parodie du Désert qui vous entoure, dont
» ils n'ont pas vu les beautés : ils ont épuisé leur
» triste palette jusque sur la statue du Saint, qui ne
» méritait pas cet outrage, etc. »

Des deux côtés latéraux de la chapelle, on a représenté les six compagnons de saint Bruno. Les connaisseurs y relèvent de grandes fautes de dessin; le vulgaire admire néanmoins dans ces peintures à fresque l'illusion produite par la magie du clair obscur, qui est telle qu'on est tenté de prendre ces portraits en pied, pour des statues placées dans leurs niches. Enfin la voûte a été construite à plein cintre d'après le procédé de Philibert Delorme, et le lambris, qui est de fort bon goût, attire surtout l'attention.

Les chartreux vont trois fois dans le cours de l'été chanter une messe à Notre-Dame *de Casalibus*, et une fois à la chapelle de saint Bruno dans l'octave de la fête de leur saint patriarche. Nous les avons vus un jour, à travers les bois, monter en silence dans le sentier tournant qui conduit à la porte de cette chapelle. Cette longue file d'habits blancs produisait un effet remarquable dans le paysage.

Derrière la chapelle de saint Bruno sont d'énormes quartiers de roc, détachés sans doute des sommités voisines. Presque tous sont surmontés de sapins, qui ont enfoncé leurs racines dans les couches calcaires dont ils se composent. Des lichens, des fougères de diverses espèces tapissent leurs flancs. Tout semble annoncer dans ce lieu un de ces grands désastres tels que celui qui engloutit en Suisse le village de Goldaw, aux pieds du Rigghi : mais ce désastre remonterait à une époque bien plus reculée. C'est comme une espèce de chaos sur lequel la nature a jeté un manteau de verdure et de fleurs.

Maintenant que vous avez visité le monastère et les deux chapelles du Désert, si vous aimez les courses de montagnes et que vous soyez favorisé par un temps tout à fait pur et serein, vous ne sauriez mieux faire que d'en profiter pour entreprendre l'ascension du Grand-Som. Munissez-vous donc d'une lunette d'approche, et tâchez d'arriver de grand matin sur cette sommité, afin que les vapeurs qui s'élèvent du fond des vallées, après le lever du soleil, ne vous dérobent pas quelque partie du vaste panorama que vous allez embrasser.

Le chemin qui y mène monte d'abord par une pente supportable pendant environ une heure; après cela il tourne à droite et devient de plus en plus pénible et rocailleux. Enfin, après encore une heure de marche, les arbres deviennent plus rares : la région des sapins cesse, on ne trouve plus que des pâturages semés de fleurs et de petits arbustes, parmi lesquels domine le Rhododendron ou laurier-rose des Alpes. Bientôt on aperçoit la bergerie de Bovine ou Bovinant. Cette bergerie est occupée pendant l'été par des moutons venus de Provence. Placée dans une espèce de défilé, entre les rochers d'Aliénard et ceux du Grand-Som, elle est gardée à cette époque par des sentinelles redoutables ; nous voulons parler de ces énormes chiens de la Camargue qui ne craignent pas d'attaquer les loups et qui se défendent même quelquefois contre les ours. Vous les verrez venir en grondant à votre rencontre ; mais bientôt la voix du pâtre les rappellera, et vous ouvrira un libre passage pour traverser le défilé. Si la belle saison ne fait que commencer et que la neige remplisse encore le banc de rocher sur lequel est pratiqué le sentier qui reste à gravir pour arriver jusqu'au terme de votre ascension, et si vous n'avez pas, outre des crampons et un bâton ferré, un bon guide qui puisse suppléer à votre inexpérience personnelle, n'hésitez point à revenir sur vos pas ; vous braveriez inutilement de grands dangers pour aller plus loin.

Le sentier est bordé de précipices de plus de trois cents pieds de profondeur; or, quand la neige n'offre qu'une pente glissante entre le mur de rocher que vous côtoyez et l'abîme qui est sous vos pieds, le vertige peut vous saisir, et un faux pas vous causer la mort (1). Au reste, les guides pourraient, si vous le préférez, vous indiquer un autre sentier plus long à la vérité, mais aussi moins dangereux.

Mais si vous avez choisi le mois d'août, ou même la dernière quinzaine de juillet, pour faire cette excursion, vous ne risquerez plus de trouver de la neige sur votre route. Vous arriverez donc sinon sans difficulté, au moins sans péril, jusqu'au but de votre course, après avoir marché près d'une heure et demie dans les rochers depuis la bergerie de Bovinant. Là vous vous trouverez abondamment dédommagé de la fatigue que vous aurez éprouvée par le magnifique spectacle qui se déploiera à vos regards. Du côté du couchant, c'est la plaine du Lyonnais traversée par le Rhône : les montagnes du Forez et du Vivarais, et

(1) Si le vertige n'était pas si connu, nous aurions pu décrire ici ce singulier phénomène, qui fait tourner et tourbillonner tous les objets aux yeux de celui qui l'éprouve, qui lui cause une complète défaillance dans les jambes, et l'attire vers le précipice comme par une sorte de fascination.

même celles de l'Auvergne, se perdant en lignes indécises dans le vague de l'horizon; vers le nord, le lac du Bourget, qui étend aux pieds du mont du Chat son tapis d'un azur brillant en contraste avec les teintes grisâtres des vallées d'alentour; enfin vers l'est et le sud, une de ces vues comparables, pour la grandeur et la variété, à celles du Rigghi en Suisse, ou du col de Tende en Piémont. Toute la chaîne de montagnes depuis le mont Viso jusqu'au mont Blanc se déroule en étages irréguliers avec ses pics formidables et ses glaciers étincelants. Par-dessus Taillefer, Belledonne et le Grand-Charnier, qui dominent les Alpes du Graisivaudan, on aperçoit le Pelvoux soulevant au loin sa tête chargée de neiges éternelles (1). Que de souvenirs s'attachent à ces montagnes, qu'on embrasse ainsi d'un seul coup d'œil. Il semble qu'on y lise, inscrits en caractères ineffaçables, quatre noms à jamais illustres : Annibal, César, Charlemagne et Napoléon. Le premier les franchit avec ses éléphants; le dernier avec sa pesante artillerie, et en empruntant à Bossuet une de ces images qui lui sont propres,

---

(1) Le Pelvoux est une montagne du Dauphiné, entre le Bourg-d'Oisans et Briançon; il a 12,600 pieds de hauteur, c'est-à-dire environ 600 pieds de moins que le mont Blanc.

on pourrait se représenter les Alpes *comme étonnées de se voir traverser tant de fois et en des appareils si divers.*

Si, dans ce moment et plein de ces pensées, vous laissez tomber vos regards sur ce monastère qui vous apparaît alors exactement comme un plan de relief à plus de six cents mètres au-dessous de vos pieds, vous serez frappé du contraste que présente l'existence des solitaires qui l'habitent avec celle de ces hommes qui firent tant de bruit dans le monde. Les uns mettent autant de soin à vivre ignorés que les autres se donnèrent de peine pour se faire un grand nom. Comment expliquer cette indifférence si complète pour le suffrage des hommes, cet amour de l'obscurité poussé au point où il semble en quelque sorte anticiper le tombeau? Comment? Le voici. Regardez près de vous cette croix plantée sur le rocher (1); ce signe sacré contient la solution de bien des énigmes inexplicables pour quiconque se renferme dans le cercle ordinaire des préjugés du monde.

---

(1) De tes bras étendus, auguste souveraine,
Tu domines les monts et protéges la plaine.
Deux vers adressés à la croix du Grand-Som par un novice du monastère.

Nota. La course du Grand-Som est intéressante non-seulement pour l'amateur des beautés de la nature, mais encore pour le botaniste, le minéralogiste et le géologue.

Nous consacrerons un chapitre entier de cet ouvrage à la description des plantes les plus remarquables du Désert de la Grande-Chartreuse, en la faisant précéder d'un rapide coup d'œil sur la formation géologique de ces montagnes, et sur leurs richesses minéralogiques.

CHAPITRE VII.

Retour par le Sappey.

En faveur des personnes qui, étant venues à la Grande-Chartreuse par Saint-Laurent-du-Pont, sont bien aises de s'en retourner par le Sappey, nous allons, ainsi que nous l'avons promis au commencement de ce petit ouvrage, faire connaître maintenant cette dernière route.

Au sortir de la maison, laissant à droite le chemin qui descend à Saint-Laurent-du-Pont, on prend celui qui traverse la prairie, et au bout d'une petite demi-heure on rencontre les bâtiments de la Correrie, ainsi appelés de ce qu'avant la révolution le premier procureur de la Grande-Chartreuse, auquel on donnait le nom de dom Courrier, y faisait sa résidence ordinaire.

Cet établissement, originairement construit par le vénérable Guigues, 5e prieur de chartreuse, était, dans le plan du fondateur, destiné à devenir l'habitation des religieux à qui leur santé ou leur âge, joint à la rigueur du climat, ne permettrait plus de pratiquer toutes les austérités de la règle. En effet, la Correrie fut une espèce d'hospice et comme une succursale de la Maison mère. Elle renferma une église, un chapitre, un cloître et sept cellules. On y ajouta ensuite des ateliers où l'on fabriquait le drap nécessaire pour la communauté ainsi que pour le soulagement des pauvres du voisinage. Les chartreux y eurent aussi une imprimerie qui leur fournissait leurs livres de liturgie et les autres ouvrages relatifs à leur Ordre. De plus on y élevait douze enfants pauvres des paroisses environnantes; on les formait à la piété et aux bonnes mœurs, et ils ne sortaient de là qu'après avoir appris un métier et reçu de quoi s'établir.

Il y a au-dessus de la principale porte d'entrée une niche contenant une statue de la sainte Vierge, et au bas de laquelle on lit ce distique :

DA, PRECOR, INFANTEM : NAM DULCE EST HOC MIHI PONDUS,
SI TAMEN EST PONDUS QUOD MALA NOSTRA LEVAT.

En voici la traduction en vieux français :

BAILLEZ-MOI VOTRE ENFANT : CAR CE FARDEAU M'EST DOUX,
SI POURTANT EST FARDEAU QUI NOUS ALLÉGE TOUS.

Maintenant la Correrie contient autant de ruines que de bâtiments habitables. Ceux qui tiennent à la porte d'entrée servent depuis quelques années de logement à des gardes forestiers. Les écuries et au-dessus la grange, qui est fort vaste et dont on admire la charpente, sont bien entretenues. Au fond de la cour s'élève un grand corps de logis dans lequel trois ou quatre chambres et deux salles ont été réparées. Sur la droite est l'église, qui n'a guère plus aujourd'hui que les quatre murs et la voûte. En dessous de l'église s'étend un jardin potager d'où les chartreux tirent une partie de leurs légumes. Il y a aussi quelques arbres fruitiers. Quoique la Correrie ne soit qu'à peu de distance du monastère, sa température est moins froide : ce qui provient de ce qu'elle est à la fois mieux exposée au soleil et plus garantie contre le vent du nord. Au surplus cette dépendance du monastère ne renferme rien aujourd'hui qui mérite qu'on s'y arrête.

Poursuivons donc la route, qui, en descendant à travers une belle forêt, conduit jusqu'à l'endroit qu'on appelle la porte du Sappey. C'est encore un passage entre deux rochers de plus deux cents pieds de hauteur, au-dessus du lit du Guiers-Mort. Les pans presque perpendiculaires de ces rochers se rapprochent par le haut et s'élargissent à leurs bases. Lorsqu'on vient du Sappey, cette ouverture ne s'aperçoit guère qu'au moment où on y est arrivé. On attribue à saint Hugues la construction de la double porte bâtie dans cet endroit, ainsi que de la maison destinée à loger un gardien; et c'est là une des deux entrées principales du Désert.

Au sortir de cette porte, et après avoir monté quelques minutes, on trouve sur la droite une petite chapelle dédiée au saint prélat que nous venons de nommer, et dont l'autel, qui est de pierre, porte cette inscription, en caractères gothiques, sculptée en relief et bien conservée : *Initium terminorum et privilegiorum Domûs Cartusiæ*. C'est devant cette chapelle qu'on laisse à gauche le chemin qui conduit au village de Saint-Pierre-de-Chartreuse, dont une partie des maisons est fort dispersée depuis le col d'Entremont jusqu'au pied de la montagne de Chamechaude et jusqu'au col de Portes. Ces maisons groupées dans les arbres ou placées sur de verdoyants plateaux font éprouver, avec les moissons qui les entourent, une impression agréable, quand on sort de ce sombre Désert où l'on ne trouve ni champs cultivés, ni vergers, ni maisons d'habitation. Le paysage est pourtant toujours resserré et couronné de sapins et de rochers; ce n'est que par le contraste avec la solitude qu'on vient de quitter qu'il semble avoir quelques teintes riantes. Bientôt on remonte au col de Portes, qui est à 685 toises au-dessus du niveau de la mer, et par conséquent plus de 180 au-dessus du couvent. Là, on s'isole encore pour quelque temps de toute culture et de toute habitation. On laisse sur la gauche le pic abrupte de Chamechaude, non moins élevé que le Grand-Som et au sommet duquel on jouit d'un coup d'œil ravissant; puis on redescend sur le vallon du Sappey, qui est dans le même genre que celui de Saint-Pierre, mais cependant entouré de montagnes moins hautes et moins escarpées. Du reste c'est toujours cette inépuisable variété qui caractérise les pays de montagnes.

Quand on a dépassé le dernier hameau du Sappey, on descend par un chemin rapide et hérissé de roches vives, dans une gorge étroite, entre deux sommets élevés. La première fois que nous revînmes par cette route de la Grande-Chartreuse, nous rendions compte en ces termes des impressions de la dernière partie de notre voyage.

« Resserré dans cet étroit espace, nous y éprouvions une sorte de gêne et il semblait que nous étions comme dans une prison de rochers. La soirée s'avançait; le soleil s'était déjà couché pour nous derrière la montagne qui était à notre droite; nous étions impatient d'arriver et surtout d'être délivré de ces importunes barrières qui bornaient notre horizon.

» Enfin nous voyons se terminer l'une de ces chaînes de rochers que nous avions côtoyés depuis si long-temps; leurs flancs s'arrondissent, et bientôt la vue la plus riante et la plus belle se découvre à nos yeux. Nous nous trouvons à la sommité d'un côteau couvert de vignes, de vergers et de maisons de campagne; la molle inflexion du terrain conduisait doucement les yeux jusque sur l'Isère, qui, dans ses sinueux détours, venait former au pied de la colline un bassin argenté. Sur les rives opposées se présentaient de verdoyantes prairies, une culture variée comme celle d'un vaste jardin, des lignes de saules divisant les héritages ; puis, plus loin, des coteaux couverts de taillis et de forêts de châtaigniers, entremêlés de champs cultivés, de vergers émaillés de fleurs et de quelques villages couverts de tuiles et de chaume. Des forêts de sapins se déployaient au-dessus de ces coteaux à hauteurs inégales, et elles étaient à leur tour surmontées d'un couronnement de neiges dont elles rehaussaient l'éclatante blancheur. Après n'avoir vu si longtemps que roches et sapins, combien cette végétation nous parut belle! quelle fraîcheur dans la verdure! quelle délicatesse dans les nuances des teintes et des couleurs! étonnés, ravis, il nous semblait voir l'univers sortir du chaos et étaler devant nous tout l'éclat de sa primitive jeunesse.

» Voilà quels étaient sur nous les effets du magique aspect qui succédait à tant d'âpres tableaux ; ce contraste semblait être ménagé pour le charme de nos yeux, et cet horizon fait à souhait pour les reposer délicieusement. C'est là que les montagnes, sans perdre leur majesté, faisaient ressortir l'agréable variété de la plaine. La vallée de Graisivaudan nous semblait bien au-dessus des descriptions de Tempé et de Taygète. Nous ne pouvions nous lasser de contempler ces champs si riches, ces arbres couverts de fruits variés, cette belle rivière qui serpentait avec tant de grâce au milieu des prairies, ces coteaux qui, appuyant leurs croupes verdoyantes sur les flancs des montagnes, offraient dans leurs développements pittoresques, là de charmantes retraites, plus loin des gorges ou des enfoncements revêtus de taillis touffus; enfin, ces torrents qui, se précipitant avec fracas du haut des glaciers, devenaient paisibles ruisseaux dans la plaine et semblaient se dépouiller de leur fureur pour apporter à l'Isère le tribut de leurs eaux.

» En continuant notre route, nous arrivâmes sur les hauteurs de Montfleury, ancienne maison de Dominicaines (1) : c'est de là qu'on voit les montagnes du Trièves se développer dans une perspective lointaine, et qu'en même temps on découvre Grenoble.

» Cette capitale du Dauphiné est adossée à une montagne peu élevée, et traversée par l'Isère; de fort jolies promenades font le charme de ses environs. Du côté où nous nous trouvions, nous avions devant les yeux l'Ile-Verte ou les glacis, prairies parsemées de bosquets de haute futaie et s'étendant sur les bords

---

(1) Aujourd'hui cette maison est occupée par les dames de Saint-Pierre, qui s'adonnent avec succès à l'éducation des jeunes personnes.

de la rivière ; plus loin, le Cours, grande allée à quadruple rang d'arbres, bordée par de jolis canaux d'eau courante et se prolongeant jusqu'au pont de Claix, dont nous apercevions la voûte hardie jetée sur le Drac par Lesdiguières.

» C'est dans cette direction que se présente un des plus beaux amphithéâtres de collines et de montagnes que l'on puisse voir après la perspective du lac de Genève. Le moment où nous le contemplâmes nous le montra sous l'aspect le plus favorable. Le soleil était près de se coucher, et les collines composant le premier tableau projetaient de longues ombres sur le côté opposé, où elles formaient des gradations de teinte mollement nuancées. Au-dessus, les montagnes du Monestier et le mont Aiguille, se découpant en formes bizarres sur les premières collines, élevaient leurs masses plus sombres. Enfin, les pics décharnés de l'Obion se perdaient dans un lointain vaporeux.

» Mon imagination s'élançait avec vivacité à travers cet horizon si vaste et si varié dans ses aspects. Pourtant, en approchant de l'Isère, j'aimais à y reporter mes regards ; j'aimais à considérer les saules et les peupliers de ses bords répétés dans ses ondes, et de temps en temps, j'admirais, au-dessus des riants coteaux de la rive gauche, ces cimes couvertes de neiges perpétuelles où roulaient çà et là quelques nuages qui les voilaient tour à tour de leurs flottantes draperies, et bientôt laissaient à découvert leur éclatante blancheur, dorée des derniers rayons du soleil.

» Tout entier au charme de nos sensations, il nous semblait que nous venions de quitter le Sappey, et déjà nous étions aux portes de Grenoble... »

CHAPITRE VIII.

Histoire naturelle [1].

La nature avec ses phénomènes tout merveilleux qu'on les suppose, serait, en quelque sorte, un livre scellé, si l'esprit humain n'était capable d'en sonder les secrets; mais l'homme, image de la divinité, l'homme doué d'une intelligence bien supérieure à l'instinct de la brute, analyse l'admirable mécanisme de ce monde visible, en découvre l'harmonie,

(1) Ce chapitre est dû à M. l'abbé David, professeur d'histoire naturelle au petit séminaire de Grenoble.

le magnifique dessin, saisit la pensée, le but providentiel du suprême architecte. L'homme, en un mot, mais surtout l'homme aidé de la révélation, atteint à la sublime philosophie des causes finales, s'explique les mystères de l'univers, approfondit les rapports qui lient entre elles toutes les créatures; et, ainsi, la création a un sens, un langage, un interprète. Nos recherches ne s'arrêtent point là : depuis la moisissure la plus imperceptible jusqu'aux végétaux les plus gigantesques ; depuis l'animalcule microscopique jusqu'aux colosses du règne animal; depuis l'atôme de sable jusqu'aux chaînes des montagnes les plus imposantes : tout peut devenir l'objet de nos études, de nos connaissances et de notre admiration.

Du reste, hâtons-nous d'ajouter que, dans la science de l'univers, bien des secrets échapperont toujours ici-bas aux efforts persistants du génie même le plus subtil : et là, comme ailleurs, quand on se contente de suivre les lumières de la raison, sans être guidé par la foi, on arrive bientôt d'erreur en erreur aux systèmes les plus absurdes, aux conséquences les plus hasardées. Mais, chose remarquable! Dieu qui pour nous faire sentir notre faiblesse et notre néant, a mis des bornes à nos facultés intellectuelles, ne saurait en fixer aux nobles élans de la reconnaissance et de l'amour qu'il a droit d'attendre de sa créature.

On peut donc le dire, le Créateur appelle tous les hommes au spectacle de ses œuvres, afin que la vue de tant de merveilles nous porte à le reconnaître et à le bénir sans cesse; et ces merveilles, il nous les offre d'une main libérale, il les a semées sous nos pas : les déserts les plus sauvages ont de quoi parler à l'esprit et au cœur de quiconque veut réfléchir. En effet, quelle inépuisable fécondité d'invention! quel art! quelle sagesse! quelle puissance ne se découvrent, ne se manifestent pas dans l'insecte le plus obscur, dans le moindre végétal; enfin, dans tout être, en apparence, le plus vil, le plus méprisable, le moins digne de nos regards!

Cependant, il faut l'avouer, si la création a partout un langage pour l'homme qui sait s'y rendre attentif, ce langage se fait encore mieux entendre dans les contrées sur lesquelles le maître du monde s'est plu à répandre avec profusion les divers dons de richesse et de beauté, distribués ailleurs avec plus de mesure. Sous ce rapport, il est peu de pays aussi privilégiés que notre ancienne province du Dauphiné. Riche par son sol, remarquable par la variété de ses productions et la salubrité de son climat, cette province intéresse le naturaliste, plus qu'aucune autre, en France, soit par des points de vue enchanteurs, soit par ses raretés minéralogiques, soit par ses plantes si belles et si nombreuses (1). Combien de fois n'avons-nous pas entendu l'amateur des sciences naturelles s'applaudir des excursions qu'il avait faites à travers nos riants vallons et sur les sommets élevés de nos Alpes, au milieu des sites les plus pittoresques!

Le Désert de la Grande-Chartreuse, malgré l'âpreté de sa température, malgré ses longs hivers, n'est point privé des avantages dont nous venons de parler; une quantité assez considérable de plantes alpines semblent s'y être donné rendez-vous; on peut aussi y recueillir des insectes précieux et des coquilles terrestres recherchées pour les collections.

Afin de nous rendre utile, autant que possible, aux personnes qui parcourent ce Désert, dans un but de curiosité scientifique, nous présenterons ici un court aperçu sur les montagnes environnant la Grande-Chartreuse, considérées sous le rapport géologique. Nous le ferons suivre d'un catalogue des

---

(1) 2430 Espèces, dont plus de 40 n'ont pas été décrites dans la première édition de la *Flore du Dauphiné*, par Mutel.

principales plantes de ces montagnes; il est inutile d'avertir que nous laisserons de côté les espèces communes dans la plupart des contrées de la France. Villars nous a paru le meilleur guide à suivre dans ce petit travail.

Nous ajouterons ensuite, en faveur des conchyliologistes, la nomenclature d'un certain nombre de coquilles terrestres, observées aux environs du monastère. Enfin, nous terminerons par la liste des insectes coléoptères qu'on peut recueillir dans ces mêmes localités.

§ Ier.

MONTAGNES.

Les montagnes qui entourent la Grande-Chartreuse sont du terrain crétacé, pour la partie supérieure; dans le bas, elles appartiennent à la formation néocomienne. M. Gueymard, ingénieur en chef des mines, a vainement cherché le terrain jurassique que quelques géologues y avaient d'abord indiqué.

Dans ces montagnes de l'enceinte de la Grande-Chartreuse, la direction des couches ne présente jamais rien de bien constant. Ainsi, les couches du

Grand-Som vont du nord au sud, tandis que celles de Chartreusette se dirigent de l'est à l'ouest. Il serait difficile d'expliquer géologiquement cette divergence de direction.

L'inclinaison n'offre pas plus de régularité : on y trouve des couches faisant un angle de 45 degrés avec l'horizon; d'autres sont verticales, et quelquefois encore il se présente des inclinaisons intermédiaires entre 0 et 90 degrés. On remarque souvent ces anomalies dans les Alpes, surtout dans le voisinage d'un point culminant, ou dans l'intersection de plusieurs axes de soulèvement.

Parmi les roches dont se composent les montagnes de la Grande-Chartreuse et qui toutes sont de nature calcaire, plusieurs donnent un marbre d'un assez beau poli. On peut en juger par la pierre dont on a fait les montants de la porte de l'église. Dans quelques salles destinées à recevoir les étrangers, on voit des chambranles de cheminée d'un marbre gris clair, veiné de blanc et qui ne manque pas d'éclat. Une chaux de fort bonne qualité est fournie par le calcaire bleuâtre; il en existe divers gisements, non loin du monastère. Ce calcaire semble passer au grès vert.

Les fossiles trouvés jusqu'à présent dans les montagnes de la Grande-Chartreuse sont en petit nombre, sans doute, parce qu'on a fait peu de recherches; on y observe des ammonites, des buccins, des spatangues, des térébratules, des bélemnites, etc. M. Elie de Beaumont cite, dans le grès vert, le *gryphœa auricularis*, le *pecten quadricostatus*, le *terebratula plicatilis*, et plusieurs polypiers non déterminés.

§ II.

PLANTES (1).

De Saint-Laurent-du-Pont à la Grande-Chartreuse, le long du Guiers-Mort.

Androsème officinale. *Androsœmum officinale* (de Candolle).

Arabette à feuilles de serpolet. *Arabis serpyllifolia* (Villars, DC.). Près du pont Parant, à gauche du chemin.

Aspidie fragile. *Aspidium fragile* (de Candolle, Loiseleur, Duby).

---

(1) Un certain nombre de ces plantes entrent dans l'élixir des chartreux.

Athyrie fougère femelle. *Athyrium filix-fœmina* (DC. Duby).

Belladone vénéneuse. *Atropa belladona* (Linnée, Villars, Duby).

Campanule à larges feuilles. *Campanula latifolia* (L., DC., Dub.).

Chardon fausse bardane. *Carduus personata* (DC. Lois.).

Circée des Alpes. *Circæa Alpina* (L., DC., Lois.), assez rare ; à une demi-heure de Saint-Laurent-du-Pont, à droite du chemin.

Dorine à feuilles alternes. *Chrysosplenium alternifolium* (L., Vill.); à un quart d'heure de Saint-Laurent-du-Pont.

Epilobe en épi. *Epilobium spicatum* (DC).

Impatiente n'y-touchez-pas. *Impatiens noli-tangere* (L., Mut.). A quelques pas de la porte de l'OEillette, à droite du chemin.

Lunaire vivace. *Lunaria rediviva* (L., DC., Vill.). Assez rare. Près de la porte de l'OEillette, à gauche du chemin.

Millepertuis douteux. *Hypericum dubium* (DC., Lois.).

Millepertuis nummulaire. *Hypericum nummularium.* (L., DC., Vill.). Rochers, un peu au-dessus du chemin.

Prénanthe pourpre. *Prenanthes purpurea* (L., DC., Vill.).

Prenanthe à feuilles menues. *Prenanthes tenuifolia* (L., DC., Vill.). Assez rare. Près du pont Parant, à droite du chemin, à une heure du couvent.

Autour du Monastère.

Campanule à larges feuilles. *Campanula latifolia* (L., DC. Dub.).

Céphalaire des Alpes. *Cephalaria Alpina* (Dub., Mutel). Presque rare. Entre le mur d'enceinte et la prairie, à l'est, et aussi à l'ouest du couvent.

Chardon fausse bardane. *Carduus personata* (DC. Lois.).

Epervière embrassante. *Hieracium amplexicaule* (L., Mut.); var. *b. hier. pulmonarioïdes* (Vill.) Sur le mur du couvent, presque en face de la porte d'entrée : indiqué par M. Chabert.

Epilobe rose. *Epilobium roseum* (DC., Mut.). Dans la prairie, près de la chapelle de la sainte Vierge.

Julienne des dames. *Hesperis matronalis* (L., Vill.). Sur les bords du torrent, au nord du monastère.

Millet étalé. *Millium effusum* (L., Mut.). Sur les bords du torrent, près de l'infirmerie.

Myrrhe odorante. *Myrrhis odorata* (Dub., Mut.). Dans la cour du couvent et en dehors.

Paturin de Silésie. *Poa Sudetica* (DC., Lois.). Dans les bois, à Saint-Bruno.

Pyrole à style court. *Pyrola minor* (L., DC., Vill.). A l'est du monastère, dans le bois Riallet.

Thym des Alpes. *Thymus Alpinus* (L., DC., Dub.).

Thym à grandes fleurs. *Thymus grandiflorus* (DC., Dub.).

De Vallombrey à Charmanson (1).

Aconit en panicule. *Aconitum paniculatum* (DC., Lois., Dub.).

Benoîte des ruisseaux. *Geum rivale* (L. DC.).

Canche en gazon. *Aira cæspitosa* (L., DC., Vill.).

Dentaire digitée. *Dentaria digitata* (DC., Dub.). Dans les bois.

Dentaire pennée. *Dentaria pinnata* (DC., Lois., Dub.).

Doradille verte. *Asplenium viride* (DC., Lois., Mut.).

Dorine à feuilles alternes. *Chrysosplenium alternifolium* (L., DC.). Dans les lieux humides.

Dorine à feuilles opposées. *Chrysosplenium oppositifolium* (L., DC.). Idem.

---

(1) Vallombrey est au sud-ouest, et à une lieue du couvent.

Millepertuis douteux. *Hypericum dubium* (DC., Lois.); *hyp. delphinense* (Vill.).

Renoncule à plusieurs fleurs. *Ranunculus polyanthemos* (L., DC.). Dans les bois.

Renoncule laineuse. *Ranunculus lanuginosus* (L., Vill.). Idem.

Saule hastée. *Salix hastata* (L., DC.).

Soyérie des marais. *Soyeria paludosa* (Mut.).

Tofieldie des marais. *Tofieldia palustris* (DC., Dub., Lois.).

Vesce des buissons. *Vicia dumetorum* (L., DC., Vill.). Rare.

Au Col (1).

Alchimille des Alpes. *Alchemilla Alpina* (L., DC., Mut.).

Cacalie des Alpes. *Cacalia Alpina* (Dub., Mut.).

Cacalie velue. *Cacalia albifrons* (L., Lois., Mut.).

Cerfeuil hérissé. *Chærophyllum hirsutum* (L., DC.); var. *c. C. cicutaria* (Vill., Mut.).

Drave faux aizoon. *Draba aizoïdes* L., DC., Vill.).

Epervière velue. *Hieracium villosum* (L., Mut.).

---

(1) Le Col est à trois quarts d'heure nord-ouest du monastère.

Globulaire à tige nue. *Globularia nudicaulis* (L., DC., Vill.).

Paturin des Alpes. *Poa Alpina* (L., Mut.).

Polystic raide. *Polystichum rigidum* (DC., Mut.); var. *b. polypodium carthusianorum* (Vill.).

Potentille luisante. *Potentilla nitida* (L., DC.). Sur les rochers.

Primevère auricule. *Primula auricula* (L., DC.). Idem.

Primevère des Alpes. *Primula Alpina* (Vill.); *primula integrifolia* (Lin.). Idem.

Renoncule des Alpes. *Ranunculus Alpestris* (L., Mut.).

Sabline ciliée. *Arenaria ciliata* (DC., Vill.); var. *b. ar. multicaulis* (Vill.).

Saxifrage à feuilles opposées. *Saxifraga oppositifolia* (L., DC., Dub.).

Saxifrage faux aizoon. *Saxifraga aizoïdes* (L., DC., Dub.).

Saxifrage pubescente. *Saxifraga pubescens* (DC., Dub.). Assez rare.

Scabieuse luisante. *Scabiosa lucida* (L., Vill., Mut.).

Véronique à tige nue. *Veronica aphylla* (L., DC., Vill.).

A Charmanson (1).

Anémone des Alpes. *Anemone Alpina* (L., DC., Mut.).
Anthyllide de montagne. *Anthyllis montana* (L., DC., Dub.). Sur les rochers.
Anthéric, lis de Saint-Bruno. *Anthericum liliastrum* (L., Vill.). Dans les prairies.
Benoîte de montagne. *Geum montanum* (L., DC., Vill.). Idem.
Botryche, petite lunaire. *Botrychium lunaria* (DC., Lois.).
Cerfeuil hérissé. *Chœrophyllum hirsutum* (L., DC., Vill.).
Crapaudine à feuilles d'hysope. *Sideritis hyssopifolia* (L., DC.). Dans les débris de rochers.
Chrysanthème de montagne. *Chrysanthemum montanum* (Vill.).
Fléole des Alpes. *Phleum Alpinum* (L., DC., Vill.).
Geranium livide. *Geranium phœum* (L., DC., Vill.).

(1) Charmanson est à trois heures nord-ouest de la Grande-Chartreuse.

Globulaire à feuilles en cœur. *Globularia cordifolia* (L., DC.).

Gnaphale pied-de-chat. *Gnaphalium dioïcum* (L., DC., Vill.).

Luzule en épi. *Luzula spicata* (DC., Mut.).

Nard raide. *Nardus stricta* (L., DC., Vill.).

Orchis globuleux. *Orchis globosa* (L., DC., Vill.). Gazons de montagne.

Orchis noir. *Orchis nigra* (DC., Mut.). Idem.

Orobe jaune. *Orobus luteus* (L., DC., Vill.). Dans les prairies.

Orpin à odeur de rose. *Sedum rhodiola* (DC., Mut.).

Pédiculaire arquée. *Pedicularis giroflexa* (DC., Vill.).

Plantain de montagne. *Plantago montana* (DC., Mut.).

Potentille dorée. *Potentilla aurea* (L., Mut.).

Renoncule de montagne. *Ranunculus montanus* (Lois., Mut.); var. *b. R. nivalis* (Vill.).

Rosage ferrugineux. *Rhododendron ferrugineum* (L., DC.).

Saule émoussé. *Salix retusa* (L., DC., Mut.).

Séséli libanotide. *Seseli libanotis* (Dub.).

Siléné à courte tige. *Silene acaulis* (L., DC., Mut.).

Soldanelle des Alpes. *Soldanella Alpina* (L., Mut.).

Thésion des Alpes. *Thesium Alpinum* (L., DC., Vill.). Dans les prairies.

Toque des Alpes. *Scutellaria Alpina* (DC., Mut.).
Trolle boule d'or. *Trollius Europœus* (L., DC., Vill.).
Violette à deux fleurs. *Viola biflora* (L., DC., Vill.).
Violette à long éperon. *Viola calcarata* (L., DC., Vill.).

Chemin de la Grande-Chartreuse au Grand-Som,
par le Bovinant (1).

Achillée à grandes feuilles. *Achillea macrophylla* (L., DC., Vill.).
Aconit anthora. *Aconitum anthora* (L., DC.). Sur les rochers, à gauche du sentier, un quart d'heure avant d'arriver à Bovinant.
Athamante de Crète. *Athamanta Cretensis* (L., DC., Vill.). Dans les prairies.
Avoine de montagne. *Avena montana* (Vill., Mut.).
Benoîte queue-de-renard. *Betonica alopecuros* (L., DC., Vill.). Plante assez rare.
Brome élancé. *Bromus giganteus* (L., DC.).
Cerfeuil des Alpes. *Chœrophyllum Alpinum* (DC., Vill.).
Chèvrefeuille bleuâtre. *Lonicera cœrulea* (L., DC., Vill.).

(1) Le Bovinant est au nord-ouest, à 2 heures du couvent.

Cirse laineux. *Cirsium eriophorum* (DC., Mut.).

Elyme d'Europe. *Elymus Europæus* (L., Mut.).

Epipactis nid-d'oiseau. *Epipactis nidus-avis* (DC., Mut.).

Groseiller des Alpes. *Ribes Alpinum* (L., DC.).

Impatiente n'y-touchez-pas. *Impatiens noli-tangere* (L., Mut.). Lieux ombragés.

Liondent de montagne. *Leontodon montanum* (DC.).

Liondent d'automne. *Leontodon autumnale* (L., DC.).

Lysimaque des forêts. *Lysimachia nemorum* (L., DC.).

Millet étalé. *Milium effusum* (L., Mut.).

Monotrope sucepin. *Monotropa hypopitys* (L., DC., Lois.). Dans les bois de pin.

Orchis vert. *Orchis viridis* (DC. Mut.). Près de Bovinant.

Orchis globuleux. *Orchis globosa* (L., Vill.). Prairie de l'Abert, avant d'arriver à Bovinant.

Patience des Alpes. *Rumex Alpinus* (L., DC., Vill.). Assez rare.

Pédiculaire à épi feuillé. *Pedicularis foliosa* (L., Mut.). Dans les prairies.

Phaque des Alpes. *Phaca Alpina* (L., DC., Vill.). Idem.

Polypode dryoptère. *Polypodium dryopteris* (L., DC.).

Polystic à cils raides. *Polystichum aculeatum* (Mut.).

Polystic glanduleux. *Polystichum oreopteris* (DC., Mut.). Rare.

Sureau à grappes. *Sambucus racemosa* (L., DC.). Non commun.

Spargoute glabre. *Spergula glabra* (DC., Mut.).

Stellaire graminée. *Stellaria graminea* (L., DC., Vill.).

Valériane à trois lobes. *Valeriana tripteris* (L., Vill.).

Varaire blanc. *Veratrum album* (L., DC.). Prairies de l'Abert, avant d'arriver à Bovinant.

Véronique de montagne. *Veronica montana* (L., Mut.).

Après le Bovinant.

Airelle des marais. *Vaccinium uliginosum* (L., DC.).

Airelle myrtille. *Vaccinium myrtillus* (L., Vill.).

Airelle rouge. *Vaccinium vitis-idæa* (L., DC., Vill.).

Alchimille hybride. *Alchemilla hybrida* (Dub. Mut.). Dans les pelouses sèches, à un quart d'heure du Grand-Som.

Anémone des Alpes. *Anemone Alpina* (L., DC.).

Arnique à racines noueuses. *Arnica scorpioïdes* (L., DC.). Dans les prairies.

Aspidie de montagne. *Aspidium montanum* (DC., Lois.).

Astrance à grandes feuilles. *Astrantia major* (L., DC.).

Astrance à petites feuilles. *Astrantia minor* (L., DC.). Assez rare.

Bartsie des Alpes. *Bartsia Alpina* (L., DC.).

Berce des Alpes. *Heracleum Alpinum* (L., DC.).

Buplèvre renoncule. *Buplevrum ranunculoïdes* (L., DC.).

Campanule gazonnante. *Campanula cæspitosa* (Vill.).

Campanule thyrse. *Campanula thyrsoïdea* (L., Vill.).

Cardamine faux-pygamon. *Cardamine thalictroïdes* (DC., Lois.). Sur le chemin du château d'Entremont au Bovinant. Rare.

Carex gazonnant. *Carex cæspitosa* (L., DC., Vill.).

Céraiste des champs. *Cerastium arvense* (L., Vill.).

Centaurée plumeuse. *Centaurea Phrygia* (L., Vill.).

Cirse très-épineux. *Cirsium spinosissimum* (DC., Mut.).

Corydale fève. *Corydalis fabacea* (DC., Dub.). Rare. Espèce nouvelle pour la *Flore du Dauphiné*. M. Clément a bien voulu me la communiquer; il l'a trouvée sur le chemin du Grand-Som, avant d'arriver à la cabane Bourdoire.

Daphné des Alpes. *Daphne Alpina* (L., DC., Vill.).

Dryas à huit pétales. *Dryas octopetala* (L., DC.).

Epervière des Alpes. *Hieracium Alpinum* (L., DC., Vill.).

Gentiane ponctuée. *Gentiana punctata* (L., DC.).

Grassette des Alpes. *Pinguicula Alpina* (L., DC.).

Laiteron des Alpes. *Sonchus Alpinus* (DC., Vill.).

Lis martagon. *Lilium martagon* (L., DC.).

Mélampyre des bois. *Melampyrum nemorosum* (L.

DC.). Dans le bois à gauche, avant d'arriver à la cabane Bourdoire.

Myosotis des Alpes. *Myosotis Alpestris* (Schmidt).

OEillet bleuâtre. *Dianthus cæsius* (DC., Mut.). Sur le chemin du Grand-Som.

Ophrys des Alpes. *Ophrys Alpina* (L., DC., Vill.). Rare.

Orchis noir. *Orchis nigra* (DC., Mut.).

Orpin à odeur de rose. *Sedum rhodiola* (DC., Mut.). Sur un petit rocher, au midi de la cabane Bourdoire.

Oxytrope de montagne. *Oxytropis montana* (DC., Mut.).

Patience à feuilles de gouet. *Rumex arifolius* (DC., Lois.).

Pédiculaire incarnate. *Pedicularis incarnata* (DC., Vill.).

Peucédane à feuilles de carvi. *Peucedanum carvifolium* (Vill., Dub.).

Pin pignon. *Pinus pinea* (L.). Assez rare.

Polystic lonchite. *Polystichum lonchitis* (L., DC.).

Potentille de Haller. *Potentilla Halleri* (Seringe). Au Grand-Som, près de la croix.

Potentille luisante. *Potentilla nitida* (L., DC.). Sur le rocher, à un quart d'heure du sommet du Grand-Som.

Renouée vivipare. *Polygonum viviparum* (L., DC.).

Renoncule aconit. *Ranunculus aconitifolius* (L., DC.).

Renoncule des Alpes. *Ranunculus Alpestris* (L., DC.).
Sur le chemin du Grand-Som, un quart d'heure avant d'arriver au sommet.

Rosier des Alpes. *Rosa Alpina* (L., DC.).

Sarrette des teinturiers. *Serratula tinctoria* (L., Vill.).
Prairies.

Seneçon doronic. *Senecio doronicum* (L., Vill.).

Siléné à quatre dents. *Silene quadrifida* (L., Vill.).

Siléné à courte tige. *Silene acaulis* (L., DC.).

Soyérie de montagne. *Soyeria montana* (Monnier).

Varaire blanc. *Varatrum album* (L., Vill.).

Véronique à tige nue. *Veronica aphylla* (L., Vill.).

Véronique des Alpes. *Veronica Alpina* (L.).

Véronique paquerette. *Veronica bellidioïdes* (L., Vill.).
Au Grand-Som, près de la croix.

§ III.

COQUILLES TERRESTRES.

Bulime montagnard. *Bulimus montanus* (Draparnaud). Dans les bois, le long du torrent, au nord du couvent, sur les écorces d'arbres et sous les feuilles mortes. Rare.

Bulime radié. *Bulimus radiatus* (Bruguière). Lieux secs, dans les bois.

Clausilie douteuse. *Clausilia dubia* (Drap.). Entre le pont Parant et le monastère, dans les bois, sur les troncs d'arbres, etc.

Clausilie lisse. *Clausilia bidens* (Drap.).

Clausilie.... *Clausilia fimbriata* (d'après M. Terver).

Clausilie parvule. *Clausilia parvula* (Michaud). Sur les mousses des vieux murs et ailleurs.

Clausilie ventrue. *Clausilia ventricosa* (Drap.). Rare. Sur les troncs d'arbres.

Hélice des Alpes. *Helix Alpina* (Férussac). Non rare. M. Repellin, avoué, a trouvé à Bovinant, sur les rochers, un *Helix Alpina* qu'on peut regarder comme variation : elle est d'un blanc de lait bien remarquable.

Hélice bouton. *Helix rotundata* (Muller). Au pied des arbres.

Hélice douteuse. *Helix incarnata* (Drap., Mull.). Dans les clairières des bois.

Hélice édentée. *Helix edentata* (Drap.). Partout.

Hélice de Fontenille. *Helix Fontenillii* (Mich.). Assez rare. Près de la porte de l'OEillette, sur le rocher à droite, en venant de Saint-Laurent-du-Pont, et du côté du Sappey, à l'entrée du Désert.

Hélice fauve. *Helix fulva* (Drap.). Près de la chapelle de saint Bruno.

Hélice grimace. *Helix personata* (Lamarck). Presque rare. Près de la porte de l'OEillette, avec l'*Helix Fontenillii*, et le long du torrent, au nord de la Grande-Chartreuse, vers l'infirmerie.

Hélice des jardins. *Helix hortensis* (Mull.). Dans les lieux ombragés; plusieurs variations.

Hélice lampe. *Helix lapicida* (Linnée), sur les rochers humides.

Hélice nitidule. *Helix nitidula* (Drap.).

Hélice luisante. *Helix nitida* (Drap.). Sur les pelouses humides.

Hélice némorale. *Helix nemoralis* (Lin.). Plusieurs variations.

Hélice planorbe. *Helix obvoluta* (Mull.). Sur les mousses et dans les lieux ombragés.

Hélice plébeïe. *Hélix plebeia* (Mich.). Non rare. Même localité.

Hélice porphire. *Helix arbustorum* (Lin.). Plusieurs variations. Commune près du mur d'enceinte, dans la prairie au sud du couvent, le long d'un petit canal et dans les haies.

Hélice des rochers. *Helix rupestris* (Drap.). Rochers et lieux humides.

Hélice soyeuse. *Helix holosericea* (Féruss). Citée par Michaud.

Hélice sylvatique. *Helix sylvatica* (Drap.).

Hélice trompeuse. *Helix fruticum* (Mich.). Plusieurs variations. Bois, lieux humides.

Hélice unidentée. *Helix unidentata* (Drap.).

Maillot baril. *Pupa dolium* (Drap.). Mousses, lieux ombragés.

Maillot barillet. *Pupa doliolum* (Drap.). Mousses, lieux ombragés.

Maillot seigle. *Pupa secale* (Drap.). Sous les mousses.

Maillot trois dents. *Pupa tridens* (Drap.).

Vitrine transparente. *Vitrina pellucida* (Drap.).

§ IV.

COLEOPTÈRES (1).

CARABIQUES.

Calliste lunulée. *Callistus lunulatus.* Au pied des arbres.

Carabe enchaîné. *Carabus catenulatus.* Sous les pierres, les mousses, etc.

Carabe doré-brillant. *Carabus auronitens.* Sous l'écorce des arbres morts.

Carabe purpurin. *Carabus purpurascens.* Au pied des arbres.

Carabe violet. *Carabus violaceus.* Sous les mousses, etc.

Carabe glabre. *Carabus glabratus. Idem.*

Carabe convexe. *Carabus convexus. Idem.*

Carabe sylvestre. *Carabus sylvestris. Idem.*

Carabe bleu. *Carabus cyaneus.* Sur les chemins.

Chlœnie soyeuse. *Chlœnius holosericeus.* Au pied des arbres.

(1) Ce catalogue est, en grande partie, le travail de M. Bouteille.

Cicindèle sylvicole. *Cicindela sylvicola.* Sur les douves sablonneuses.

Cychre muselier. *Cychrus rostratus.* Sous les mousses, etc.

Cymindis humérale. *Cymindis humeralis.* Sous les pierres.

Féronie gracieuse. *Feronia lepida. Idem.*

Féronie picimane. *Feronia picimana. Idem.*

Féronie points-oblongs. *Feronia oblongo-punctata. Id.*

Féronie fasciée-ponctuée. *Feronia fasciato-punctata. Idem.*

Féronie roux-brillant. *Feronia rutilans. Idem.*

Féronie points-externes. *Feronia externè-punctata. Id.*

Féronie de Prévost. *Feronia Prevotii. Idem.*

Féronie métallique. *Feronia metallica. Idem.*

Féronie ovale. *Feronia ovalis. Idem.*

Harpale monticole. *Harpalus monticola. Idem.*

Hygrobie d'Hermann. *Hygrobia Hermanni.* Dans le réservoir du moulin.

Lébie fulvicolle. *Lebia fulvicollis.* Sous les mousses.

BRACHÉLYTRES.

Oxypore grande-dent. *Oxyporus maxillosus.* Dans les champignons.

MALACODERMES.

Cantharide.... *Cantharis violacea.* Sur les végétaux.
Cantharide.... *Cantharis tristis. Idem.*
Cantharide.... *Cantharis bicolor. Idem.*
Omalise sutural. *Omalisus suturalis. Idem.*

TÉRÉDILES.

Hylécœte dermestoïde. *Hylecœtus dermestoïdes.* Sur les arbres abattus.
Lymexylon naval. *Lymexylon navale. Idem.*
Notoxe.... *Notoxus mollis. Idem.*

CLAVICORNES.

Byrrhe brillant. *Byrrhus nitens.* Sous les mousses.
Byrrhe dorsale. *Byrrhus dorsalis. Idem.*
Nécrophore inhumeur. *Necrophorus humator.*
Nécrophore mortuaire. *Necrophorus mortuorum.* Sur les bolets en décomposition.
Nosodendre fasciculé. *Nosodendron fasciculare.* Sous les mousses.

Thymale bordé. *Thymalus limbatus.*
Thymale échancré. *Thymalus lunatus.* Sous les écorces et sur les champignons.
Thymale ferrugineux. *Thymalus ferrugineus. Idem.*

LAMELLICORNES.

Géotrupe sylvatique. *Geotrupes sylvaticus.* Dans les mousses.
Géotrupe printanier. *Geotrupes vernalis. Idem.*
Platycère caraboïde. *Platycerus caraboïdes.* Dans le bois mort.
Sinodendre cylindrique. *Sinodendron cylindricum. Id.*

TRACHÉLIDES.

Pyrochre écarlate. *Pyrochroa coccinea.* Sur les plantes.
Pyrochre pectinicorne. *Pyrochroa pectinicornis. Idem.*

CURCULIONITES.

Anthribe albinos. *Anthribus albinus.* Sur les troncs d'arbres.
Brachytarse âpre. *Brachytarsus scabrosus. Idem.*
Hylobie des pins. *Hylobius pineti.* Sur le pin.

Hylobie des sapins. *Hylobius abietis.* Sur le sapin.

Liophlée nubile. *Liophlæus nubilus.* Sur les feuilles.

Molyte germain. *Molytes germanus.* Dans les haies, près du couvent.

Minyops varié. *Minyops variolosus.* Sous les pierres.

Otiorhynque ténébreux. *Otiorhynchus tenebricosus. Id.*

Pissode du pin. *Pissodes pini.* Sur le pin.

Plinthe caréné. *Plinthus carinatus.* Sous les pierres.

Tamnophile du cerisier. *Tamnophilus cerasi.* Sur le pin.

Tropidère, bec-neigeux. *Tropideres niveirostris.* Sur les troncs d'arbres.

XYLOPHAGES.

Mycétophage quadrimaculé. *Mycetophagus quadrimaculatus.* Dans les bolets.

Mycétophage variable. *Mycetophagus variabilis. Id.*

LONGICORNES.

Agapanthie marginelle. *Agapanthia marginella.* Sur les ombellifères.

Asème strié. *Asemum striatum.* Sur les pièces de bois.

Callidie dilatée. *Callidium dilatatum.* Sur les débris de sapin.

Ergate artisan. *Ergates faber.* Dans les bois.

Grammoptère lisse. *Grammoptera lævis.* Sur les plantes, dans les bois.

Lepture verdoyante. *Leptura virens. Idem.*

Lepture rouge. *Leptura rubra. Idem.*

Lepture ceinte. *Leptura cincta. Idem.*

Monohamme sarcleur. *Monohammus sartor.* Dans les bois.

Monohamme cordonnier. *Monohammus sutor. Idem.*

Monohamme.... *Monohammus lignator. Idem.*

Obérée linéaire. *Oberea linearis.* Sur les ombellifères.

Pachyte.... *Pachyta quadripunctata.* Sur la gentiane jaune.

Pachyte virginale. *Pachyta virginea. Idem.*

Phytœcie voisine. *Phytœcia affinis.* Sur les ombellifères.

Pogonochère hispide. *Pogonocherus hispidus.* Sur le pin.

Prione tanneur. *Prionus coriarius.* Dans les bois.

Rhagie mordante. *Rhagium mordax.* Sur les troncs abattus.

Rhagie chercheuse. *Rhagium indicator. Idem.*

Rhagie bifasciée. *Rhagium bifasciatum. Idem.*

Rosalie des Alpes. *Rosalia Alpina.* Sur les troncs des hêtres.

Spondyle buprestoïde. *Spondylis buprestoïdes*. Dans les bois.

Toxote coureur. *Toxotus cursor*. Sur les troncs abattus.

CHRYSOMÉLINES.

Chrysomèle briquetée. *Chrysomela staphylea*. Sur les graminées.

Chrysomèle azurée. *Chrysomela cœrulea*. Idem.

Eumolpe précieux. *Eumolpus pretiosus*. Sur les arbrisseaux.

FUNGICOLES.

Endomyque écarlate. *Endomychus coccineus*. Dans les champignons.

CHAPITRE IX.

Pièces et fragments en vers et en prose sur la Grande-Chartreuse.

VOYAGE A LA GRANDE-CHARTREUSE,

Par le P. Mandar, oratorien.

Déja de Saint-Eynard disparaissaient les cimes ;
J'avais du noir Sappey contemplé les abîmes,
Et le Drac et l'Isère avaient fui de mes yeux,
Quand enfin j'arrivai, cher Alcippe, en ces lieux.
Dès que j'en aperçus l'auguste et sombre entrée,
Mon âme de respect soudain fut pénétrée ;

Je ne sais quelle voix semblait dire à mon cœur
Qu'au sein de ces rochers habitait le bonheur.
J'avance : deux grands monts sur moi courbés en voûte,
De leur front sourcilleux intimident ma route :
Tous deux fiers, imposants, semblent, du haut des airs,
Interdire aux humains l'abord de ces déserts.
L'aquilon bat leurs flancs, et leurs bases profondes,
Voisines des enfers, se cachent sous les ondes.
Je franchis tout pensif ce passage effrayant,
Et dans l'ombre des bois je m'enfonce à pas lent.
Quelle beauté sauvage et quelle horreur pompeuse !
Que la nature est là grande et majestueuse !
L'épaisseur des forêts, la profondeur des eaux,
Les immenses vallons, les antres, les côteaux,
L'obscurité, le bruit, la terreur, le silence,
Tout dans ces vastes lieux parle à l'homme qui pense.
Un long amphithéâtre orné de vieux sapins,
Y tient lieu de remparts, de murs et de jardins :
Mille torrents tombant par cascades bruyantes
A travers les débris des roches mugissantes,
Les oiseaux à grand vol, les aigles, les milans,
Joignant leurs cris aigus au sifflement des vents,
Les arbres fracassés par l'effort des orages,
L'éboulement des rocs et leurs tristes ravages,
Les collines, les monts de frimats couronnés,

CHAPITRE IX.

Ce spectacle plaisait à mes sens étonnés...
Mais la nuit de son voile obscurcissant les plaines,
Vient et m'arrache, Alcippe, à ces sublimes scènes.
Je prolonge ma route où l'espace est ouvert,
Et bientôt je pénètre au centre du Désert.

Au pied de longs coteaux d'où coule une onde pure,
Il est, dans le contour d'une vaste clôture,
Un assemblage heureux de tranquilles foyers
Simples, et dans leur forme égaux et réguliers.
Un temple est au milieu, retraite où l'on n'admire
Que l'humble Piété qui sans cesse y soupire ;
Avec elle en ces lieux brûlant d'un saint amour,
L'Innocence et la Foi font aussi leur séjour :
La Vérité s'y plaît, et l'austère Silence
En écarte à jamais le trouble et la licence.

Alcippe, tu le sais, la Grâce en ces climats
Du célèbre Bruno jadis fixa les pas.
Elle approcha de lui sa lumière et sa flamme ;
Eclairant sa raison elle épura son âme,
Lui montra vers le Ciel des sentiers inconnus,
Et remplit l'univers du bruit de ses vertus.
Bientôt de toutes parts, en ce lieu solitaire,
Accourut près du Saint un peuple volontaire
De disciples zélés, qui, soumis à sa voix,
Adoptant ses leçons, vécurent sous ses lois.

Sainte Religion, quelles furent vos fêtes,
Vos chants, vos cris de joie en voyant ces conquêtes !
L'enfer dut en frémir, mais vous et vos élus
Vous comptâtes dès lors un asile de plus.
Seul avec la nature et son auguste Maître,
Inconnu, retiré dans ce réduit champêtre,
Il unit à leurs voix l'ardeur de ses cantiques ;
Là l'homme du vrai bien uniquement épris
Se montra le rival des célestes esprits,
Il connut leurs plaisirs, leurs transports extatiques :
Comme eux du Dieu suprême adorant la grandeur,
Le servir fut sa gloire, et l'aimer son bonheur.

   Sous ses mains cependant les plaines s'embellirent,
Le Désert s'anima, les rochers s'aplanirent ;
L'or des moissons couvrit les monts les plus affreux :
L'abondance naquit, mais pour les malheureux.
Bruno, qui fit descendre en ces lieux la sagesse,
Sut de même en bannir la faim et la paresse :
Tout y retrace encor du saint instituteur,
Les prodiges, les lois, le zèle et la ferveur.
Loin de notre vain luxe et de nos ridicules,
Là mes yeux, cher Alcippe, ont vu dans leurs cellules
Ces bons religieux qui, dans un corps mortel,
Attendent, plein d'espoir, le séjour éternel :
La joie est dans leurs cœurs, la paix sur leurs visages.

Sous la haire et le sac ces vénérables sages,
Nuit et jour aux autels anéantis pour nous,
Nous rendent Dieu propice, apaisent son courroux.
Soutenant du chrétien les divins caractères,
Bienfaisants pour autrui, pour eux durs et sévères,
Si notre faible cœur ne peut les imiter,
Sachons du moins, ami, sachons les respecter.
Depuis leur digne chef jusqu'à leurs néophytes,
Combien ils m'ont ravi, ces heureux cénobites !
Que mon âme auprès d'eux brûlait pour la vertu !
Que n'ai-je pu, Seigneur, par ta grâce abattu,
De mes engagements brisant toutes les chaînes,
Là fouler à mes pieds tant de chimères vaines,
Te vouer mes serments, m'enchaîner à ta loi,
Là méditer sans cesse, et n'obéir qu'à toi !...

Ah ! du moins, saint Désert, séjour pur et paisible,
Solitude profonde au vice inaccessible,
Impétueux torrents, et vous sombres forêts,
Recevez mes adieux, comme aussi mes regrets.
Toujours épris de vous, trop aimable retraite,
Puissé-je, dans le cours d'une vie inquiète,
Dans ce flux éternel de folie et d'erreur
Où flotte tristement notre malheureux cœur,
Puissé-je, pour charmer mes ennuis et mes peines,
Souvent fuir en esprit au bord de vos fontaines,

Egarer ma pensée au milieu de vos bois,
Par un doux souvenir rappeler mille fois
De vos saints habitants les touchantes images,
Pénétrer sur leurs pas dans vos grottes sauvages,
Me placer sur vos monts, et là prenant l'essor,
Aller chercher en Dieu ma joie et mon trésor !

FRAGMENTS

Par Ducis.

Quel calme ! quel Désert ! Dans une paix profonde,
Je n'entends plus mugir les tempêtes du monde.
Le monde a disparu, le temps s'est arrêté...
Commences-tu pour moi, terrible éternité?
Ah ! je sens que déjà dans cette auguste enceinte,
Un Dieu consolateur daigne apaiser ma crainte.
Je le sais, c'est un Père; il chérit les humains :
Pourquoi briserait-il l'ouvrage de ses mains?
C'est lui qui m'a formé dans le sein de ma mère :
Il veut mon repentir; mais il veut que j'espère.
O toi qui sur ces monts blanchis par les hivers,
Vins chercher les frimas, un tombeau, des déserts,
Et qui volant plus haut, par ton amour extrême,

Semblais, voisin du ciel, habiter le ciel même,
Que j'aime à voir tes pas empreints dans ces saints lieux !
Le berceau de ton Ordre est caché dans les cieux.
C'est là que du Seigneur répétant les louanges,
La voix de tes enfants s'unit au chœur des Anges.
Là de ses faux plaisirs, par le siècle égaré,
Le voyageur pensif a souvent soupiré.
Ces rochers, ces sapins, ce torrent solitaire,
Tout parle, tout m'instruit à mépriser la terre,
La terre où le bonheur est un fruit étranger
Que toujours quelque ver en secret vient ronger.
Partout de la douleur j'y trouvai les images :
L'amour a ses tourments, l'amitié ses outrages.
Que de désirs trompés, de travaux superflus !...
Vous qui vivant pour Dieu mourez dans ces retraites
Heureux qui vient vous voir dans le port où vous êtes,
Mais plus heureux cent fois celui qui n'en sort plus !

LETTRE

DE DUCIS A UN AMI.

Avant de quitter la Savoie, j'ai voulu visiter le Désert de la Grande-Chartreuse : c'est là un pèlerinage que j'aurais voulu faire avec Thomas (1); mais fait-on jamais ce qu'on désire? Comme il m'a manqué! Il aurait monté auprès de moi, le long d'une rivière ou plutôt d'un torrent, un chemin serré entre deux murailles de roches, tantôt sèches et nues, tantôt couvertes de grands arbres, quelquefois ornées par bandes de petites forêts vertes qui serpentent sur leurs côtes. Il eût entendu, pendant deux lieues, le bruit du torrent qui s'indigne au milieu des débris de roches, contre lesquelles il se brise sans cesse. C'est une écume jaillissante, qui s'engloutit dans des profondeurs de deux cents pieds, où l'œil la suit avec une terreur curieuse, pour se reporter ensuite vers des ro-

---

(1) Thomas était de l'Académie, et ami intime de Ducis. Cette amitié a de quoi surprendre peut-être, quand on sait que Ducis ne donna jamais dans les égarements de la philosophie moderne; mais l'étonnement cesse dès que l'on vient à apprendre que si Thomas eut d'abord le malheur de se livrer à de si funestes principes, il reconnut sa faute dans la suite, et cette époque devint celle de son étroite liaison avec Ducis. Etant tombé malade à Lyon, l'Archevêque de cette ville, M. Malvin de Montazet, qui l'affectionnait, le fit transporter à sa maison de campagne : ce fut là qu'il termina sa carrière en 1785 (l'année même de son voyage à la Grande-Chartreuse), avec les sentiments les plus pieux et toute la résignation d'un bon chrétien. Voici comment Ducis lui-même rend compte de cette mort dont il fut témoin.

« J'ai perdu mon cher Thomas hier, à neuf heures; j'ai entendu

ches sauvages, hautes, perpendiculaires, et couronnées à leurs pointes par de petits ifs qui semblent être dans le ciel. Ce chemin étroit, ces hauteurs, ces ténèbres religieuses, ces cascades admirables qui tombent en bondissant pour grossir les eaux et la fureur du torrent, tout cela conduit naturellement à la solitude terrible où saint Bruno vint s'établir avec ses compagnons, il y a plus de sept cents ans.

J'ai vu son Désert, sa fontaine, sa chapelle, la pierre où il s'agenouillait devant ces montagnes effrayantes, sous les regards de Dieu. J'ai visité toute la maison : j'ai vu les solitaires à la grand'messe; j'ai causé avec un des

la terre tomber et s'amonceler sur ce corps qu'animait une âme si vertueuse et si pure; il est donc vrai, je ne le verrai plus ! Une seule consolation me reste : notre religion réunit ce que la mort sépare. Mon ami, dont l'âme était si chrétienne, m'a laissé le souvenir de la fin la plus édifiante. Il s'est confessé avec toute sa raison. Son confesseur, qui est un ange de charité et de piété, l'a vu trois fois dans la même nuit; il ne peut en parler sans larmes. Il a reçu ses sacrements avec une résignation, une douceur qui nous faisait tous sangloter. »

Cette note est tirée en partie d'un recueil précieux, intitulé : *Trésors de la Poésie et de l'Eloquence*, ou *témoignages rendus à la religion et à la morale par les poëtes, les orateurs, les philosophes et les savants les plus célèbres*, 2 vol. in-12. Lille, 1826.

plus jeunes dans sa cellule...... tout m'a fait un plaisir profond et calme. Les agitations humaines ne montent pas là. Ce que je n'oublierai jamais, c'est le contentement céleste qui est visiblement empreint sur le visage de ces religieux.

Le monde n'a pas d'idée de cette paix; c'est une autre terre, une autre nature. On la sent, on ne la définit pas cette paix qui vous gagne. J'ai vu le rire et l'ingénuité de l'enfance sur les lèvres du vieillard; la gravité et le recueillement de l'âme dans les traits de la jeunesse. J'ai eu ma cellule où j'ai couché deux nuits; et c'est avec regret... que je me suis éloigné de cette maison de paix.

Je vous assure, mon cher ami, que toutes ces idées de fortune, de succès, de plaisirs, tout ce tumulte de la vie, tout ce tapage qui est dans nos yeux, nos oreilles, notre imagination, restent à l'entrée de ce Désert, et que notre âme nous ramène alors à la nature et à son auteur.

STANCES

IMPROVISÉES A LA GRANDE-CHARTREUSE,

Par M. de Lamartine.

❂

Jéhovah de la terre a consacré les cimes ;
Elles sont de ses pas le divin marchepied :
C'est là qu'environné de ses foudres sublimes,
  Il vole, il descend, il s'assied.

❂

Sina, l'Olympe même, en conserva la trace ;
L'Oreb, en tressaillant, s'inclina sous ses pas ;
Thor entendit sa voix, Gelboé vit sa face ;
  Golgotha pleura son trépas.

❂

Dieu que l'Hébron connaît, Dieu que Cédar adore
Ta gloire à ces rochers jadis se dévoila ;
Sur le sommet des monts nous te cherchons encore ;
  Seigneur, réponds-nous : Es-tu là ?

Paisibles habitants de ces saintes retraites,
Comme au pied de ces monts où priait Israël,
Dans le calme des nuits, des hauteurs où vous êtes,
  N'entendez-vous donc rien du ciel?

❀

Ne voyez-vous jamais les divines phalanges
Sur vos dômes sacrés descendre et se percher?
N'entendez-vous jamais des doux concerts des Anges
  Retentir l'écho du rocher?

❀

Quoi! l'âme en vain regarde, aspire, implore, écoute;
Entre le ciel et nous, est-il un mur d'airain?
Vos yeux toujours levés vers la céleste voûte,
  Vos yeux sont-ils levés en vain?

❀

Pour s'élancer, Seigneur, où ta voix les appelle,
Les astres de la nuit ont des chars de saphirs
Pour s'élever à toi, l'aigle au moins a son aile;
  Nous n'avons rien que nos soupirs.

Quoi! la voix de tes Saints s'élève et te désarme ;
La prière du juste est l'encens des mortels !
Et nous, pécheurs, passons ; nous n'avons qu'une larme
    A répandre sur tes autels.

CHAPITRE X.

Notice sur les Chartreuses actuellement existantes [1].

CHARTREUSES DE FRANCE.

MONT-RIEUX.

Deux gentilshommes, Geoffroy, Hugues et Falis de Solière, fondèrent la Chartreuse de Mont-Rieux, en

---

(1) Pour dernier complément de ce petit ouvrage et pour satisfaire au désir de plusieurs personnes, nous allons faire connaître ici, en peu de mots, la statistique actuelle de l'Ordre des chartreux.

l'an 1117, au diocèse de Fréjus, à quatre lieues de Toulon. L'église de cette maison fut consacrée par l'archevêque d'Aix, assisté de trois évêques, sous le vocable de saint Lazare. Ce n'est qu'en 1843 que ce monastère a pu être racheté par l'Ordre. Il était dans un état déplorable; mais grâce à la Providence et aux secours de quelques personnes aisées et charitables il se relève peu à peu.

VALBONNE.

L'an 1203, Guillaume de Vencian, évêque d'Usez, fit don aux Chartreux du monastère de Valbonne, occupé d'abord par des religieuses qui suivaient la règle de saint Benoît. Située dans une belle forêt à deux lieues du Pont-Saint-Esprit, au diocèse de Nîmes, cédée aux hospices de cette ville à l'époque de la révolution, cette chartreuse redevint la propriété des disciples de saint Bruno, en l'année 1836. Le maire de la ville du Pont-Saint-Esprit, M. Sibour, frère de l'évêque de Digne, a montré dans cette circonstance un zèle dont les Chartreux conserveront toujours un souvenir reconnaissant.

Le climat de cette Chartreuse est fort doux. Les religieux de chœur sont au nombre de seize: six frères complètent le personnel de la maison.

BOSSERVILLE.

Une maison confisquée sur un particulier par Charles Ier, duc de Lorraine, servit de premier établissement pour la chartreuse de Bosserville, fondée en 1632 par ce duc souverain, et terminée en 1720 par son petit-neveu Léopold, duc de Lorraine et de Bar.

Dévasté d'abord par la révolution, ce monastère allait en dernier lieu tomber sous les coups de la bande noire qui en avait déjà atteint quelques parties, lorsque des hommes généreux résolurent de le sauver de la destruction. Ils ouvrirent une souscription pour le racheter et pour le rendre à sa destination primitive. La Providence a béni ce dessein, dont les premiers auteurs ont été M. Guerrier de Dumas, de Nancy, et M. le baron du Hart, de Metz. Le roi et la reine voulurent bien être comptés au nombre des souscripteurs; et en 1833, cette religieuse demeure ayant pu recevoir ses anciens hôtes, les hymnes sacrées ont de nouveau retenti sous les voûtes de son église trop longtemps silencieuse. Cette église renferme le tombeau de son noble fondateur.

MOUGÈRES.

L'Ordre est redevable de cette maison située à deux lieues de Pézenas, dans le département de l'Hérault, et autrefois occupée par des dominicains, à M. Cannac, curé d'une des deux paroisses de Lodève, qui en fit l'acquisition pour eux en 1823; mais ce n'a été que vingt ans plus tard que, grâce aux libéralités d'une pieuse dame, on a pu commencer à lui donner une forme régulière en élevant un cloître qui n'est pas encore terminé. Elle est habitée maintenant par neuf religieux et un frère convers.

BEAUREGARD.

Le couvent de Beauregard, qui se trouve à une lieue de Voiron et à cinq de la Grande-Chartreuse, est la seule maison de Chartreusines que l'Ordre possède aujourd'hui. Les religieuses qui l'habitent sont en ce moment au nombre de quinze, non compris quelques sœurs données. Elles ont auprès d'elles deux pères chartreux pour exercer les fonctions du ministère sacerdotal. L'un d'eux est spécialement chargé du temporel, conjointement avec la mère prieure.

Les Chartreusines sont gouvernées par les mêmes statuts que les chartreux et elles observent la même règle, sauf quelques modifications que la condition du sexe a fait sagement établir. Ainsi elles mangent ensemble et ont deux fois par jour une récréation qu'elles prennent aussi en commun. Elles ont du reste les mêmes offices que les religieux, et se lèvent comme eux pour l'office de la nuit. Elles observent aussi les mêmes jeûnes, ainsi que l'abstinence perpétuelle de tout aliment gras, et portent à peu près le même habit.

Ces religieuses sont les seules en France qui aient conservé l'ancien usage de la consécration des vierges, cérémonie qui, faite avec appareil par l'évêque diocésain, est fort belle. Elles y portent la couronne, et en outre l'étole, ainsi que le manipule comme les prêtres, mais au bras droit. L'évêque leur met au doigt l'anneau mystérieux, emblême de leur alliance avec Jésus-Christ. Au jour de leur sépulture, on les enterre avec les ornements de la consécration.

CHARTREUSES DE LA SUISSE.

LA PART-DIEU.

Cette Chartreuse est située dans le diocèse de Lausanne et le canton de Fribourg, non loin de la petite ville de Bulle. La date de sa fondation remonte à l'année 1307.

ITTHENGEN.

Construite à quelque distance de la ville de Constance sur les bords de la petite rivière de Taurau, dans le canton de Turgovie, cette maison se trouve sous la dépendance d'un gouvernement protestant, qui a déjà supprimé le noviciat et s'est attribué l'administration du temporel. Il est aisé de voir que son intention est d'amener peu à peu cette communauté, ainsi que les autres maisons religieuses du même canton, à son entière extinction.

CHAPITRE X.

CHARTREUSES D'ITALIE.

TURIN.

La Chartreuse de Notre-Dame de l'Annonciation en Piémont, se trouve au village de Collegno, à une lieue de Turin. Elle fut fondée l'an 1644 par Christine de Bourbon, fille de Henri IV, roi de France, et veuve de Victor Amédée, duc de Savoie. Cinq autres Chartreuses furent depuis réunies à celle de Turin. Cette maison, qui est grande et belle, est habitée par quinze religieux de chœur et dix frères convers et donnés. S. M. le Roi de Sardaigne s'y rend chaque année, avec les princes ses enfants, le jour de la fête du saint Sacrement, pour assister à la procession, après laquelle il accepte le modeste déjeûner qui lui est offert. Cet auguste et religieux monarque, qui ne fait du reste en cela que suivre l'usage de ses prédécesseurs, a bien voulu donner encore une nouvelle marque de l'intérêt tout particulier qu'il porte à cette maison, en se chargeant de faire construire à ses frais dix cellules qui manquaient au grand cloître.

PAVIE.

Cette Chartreuse la plus remarquable de toutes, sous le rapport de l'architecture et des ornements, reconnaît pour son fondateur Jean Galeazzo Visconti, duc de Milan, qui en fit commencer la construction en 1396. La façade de l'église, achevée en 1473, offre la transition du style gothique fleuri au style de la renaissance : elle est ornée de sculptures exquises attribuées aux premiers artistes du quinzième siècle. La forme de ce beau monument est celle d'une croix latine surmontée d'une coupole. Elle a 255 pieds de longueur sur 165 de largeur, et se divise en trois nefs, renfermant quatorze chapelles. Ces chapelles, fermées par des grilles, communiquent entre elles par des ouvertures pratiquées dans les murs latéraux, et tout l'intérieur de l'église est décoré de peintures d'un grand prix.

Le tombeau du fondateur, qui s'y trouve placé, n'est pas une des choses qu'on y admire le moins.

François Ier amené prisonnier dans ce monastère après sa défaite près de Pavie, se fit conduire à l'église pour y faire sa prière, et la première chose qui se présenta à ses yeux fut cette inscription tirée d'un psaume : *Bonum mihi quia humiliasti me, ut discam justificationes tuas.* Il m'a été bon que vous m'ayez humilié, pour que j'apprisse à garder vos commandements, etc.; il comprit sans doute tout le sens de cette leçon muette.

Cette maison, qui avait été supprimée comme tant d'autres maisons religieuses par Joseph II, n'a été rendue aux Chartreux par S. M. l'Empereur d'Autriche, qu'en 1843. Ils en sont principalement redevables à l'entremise de M. le comte Mellerio, qui a en outre eu la générosité de se charger à lui seul de tous les frais du rétablissement.

PISE.

La Maison de Pise est située dans la gracieuse vallée de Cala, à deux lieues de la ville; elle est bien bâtie et remarquable par les marbres qui la décorent. Elle fut fondée en 1367, sur l'invitation de sainte Catherine de Sienne, par Pierre de Mirante. Son personnel n'est pas bien considérable; et cela tient d'une part à ce qu'il y a beaucoup d'autres maisons religieuses dans le pays, et d'un autre côté à ce que le gouvernement de Toscane ne permet pas facilement qu'on y admette des étrangers.

Lors de la contagion qui, vers le milieu du xviie siècle, fit le tour de l'Italie presque entière, les Chartreux de Pise s'empressèrent de secourir les pestiférés des pays voisins : quatre d'entre eux furent victimes de leur charité et de leur zèle.

C'est à cette Chartreuse qu'a appartenu le bienheureux Jean Upazzingli, qui, après en avoir été le prieur, fut appelé à Rome où le souverain pontife lui confia des affaires de la plus haute importance.

FLORENCE.

Cette Maison n'est qu'à une petite lieue de la ville. Elle est située sur une riante colline, entourée de bois d'oliviers. Elle fut fondée en 1341 par Nicolas Acciajusli, citoyen de Florence et grand sénéchal de Sicile et de Jérusalem. Il voulut que l'architecture en fût noble et simple, et il en fit orner l'intérieur par les peintures de Genelli, artiste alors célèbre. Les religieux sont en petit nombre, comme à Pise, et pour les mêmes raisons.

Cette Chartreuse a fourni à l'Eglise un martyr, Nicolas de Florence, mis à mort par ses concitoyens pour avoir soutenu le parti du souverain pontife contre un anti-pape. Elle possède en outre les précieux restes du bienheureux Nicolas Albergati, qui en était prieur lorsqu'il fut placé sur le siége épiscopal de Bologne. Martin V le nomma légat en France pour cimenter la paix entre Charles VI, roi de France, et Henri V, roi d'Angleterre. Quelques années plus tard, en 1426, Albergati fut promu au cardinalat sous le titre de cardinal de Sainte-Croix, et il est ordinairement désigné par les historiens sous cette dénomination. Outre les vertus qui lui ont fait décerner un culte public, il se fit remarquer par sa dextérité dans les affaires.

En 1799, la Chartreuse de Florence eut l'honneur de donner un asile pendant plusieurs mois au pape Pie VI, arraché de ses états par ordre du gouvernement français. Dix ans après, son auguste successeur Pie VII venait à son tour, traîné par les agents de Napoléon, frapper pendant la nuit à la porte de ce même monastère, où on lui permit à peine de prendre quelques heures de repos, et où le prieur put seul l'approcher un moment.

Cette Chartreuse, supprimée en 1810, a été rétablie en 1818.

ROME.

L'Ordre des chartreux reçut en 1370 du pape Urbain V la maison de Sainte-Croix de Jérusalem, qui fut dotée ensuite par Pie IV. Plus tard cette Chartreuse fut transférée dans l'ancien emplacement occupé par les thermes de Dioclétien. Une rotonde qui était le principal salon des bains de l'empereur, forme une partie de l'église, appelée église de Sainte-Marie-des-Anges.

Un voyage que nous fîmes à Rome, il y a quelques années, nous a procuré l'occasion de voir cette maison par nous-même. L'église dont nous venons de parler est, de l'avis de tous les connaisseurs, une des plus belles de Rome. Elle fut construite sur les dessins de Michel-Ange. Sa forme est celle d'une croix grecque. De belles fresques ornent les parois de ses murs. Deux d'entre elles surtout nous ont fait une vive impression. L'une est le Saint-Sébastien du Dominicain, admirable de conservation, et d'un plus beau coloris que la plupart des ouvrages de ce peintre.

Le Saint voit le ciel entr'ouvert; l'extase semble le

rendre insensible aux souffrances du martyre : Jésus-Christ lui apparaît au haut du ciel, et l'exhorte à la constance en lui tendant les bras qui doivent le recevoir. L'autre fresque, de Battoni, Simon le magicien confondu par saint Pierre, est remarquable par un bel effet de clair-obscur, et par la sérénité de la tête du Saint opposée au trouble de l'imposteur. A l'entrée même de l'église, une très-belle statue de saint Bruno, par Houdon, s'élève comme le gardien céleste d'une maison habitée par ses enfants...

Quoique le nombre des cellules, dans cette maison, ne soit pas bien considérable, il est cependant rare qu'elles soient toutes occupées; et il faut l'attribuer en partie à ce que cette Chartreuse est située dans un endroit où l'air est malsain et fiévreux.

TRISULTI.

Trisulti, au mont Porie, dans la campagne de Rome et non loin de cette ville, fut donnée à l'Ordre et érigée en Chartreuse, en 1211, par Innocent III, sous le vocable de Sainte-Marie. C'était autrefois une abbaye de saint Benoît. Cette Chartreuse n'a rien de bien remarquable, si ce n'est l'église qui est d'un bon goût. Elle est du reste la seule qui ait conservé une grande partie de ses anciennes propriétés.

NAPLES.

La Chartreuse de Naples est dans la ville même. Charles, duc de Calabre, et son fils Robert, roi de Sicile, en sont les fondateurs. Le Monastère domine la ville; on jouit, en y entrant, de l'aspect le plus ravissant. La mer et les navires, le mont Vésuve, et toute l'étendue d'une ville telle que Naples, forment ensemble un spectacle magnifique.

Les nobles fondateurs n'ont rien épargné pour sa construction et son embellissement. L'église, la sacristie, le cloître, les jardins, tout y attire l'attention des visiteurs. On y admire surtout un certain nombre de tableaux qui sont dus au pinceau des plus grands maîtres.

LA PADULE.

La Chartreuse de la Padule, qui est une des plus vastes (le grand cloître comprend vingt-six cellules), est située à deux lieues de la ville dont elle porte le nom. Elle n'est pas éloignée non plus de la ville de Salerne, et fait partie du diocèse de Capacio, dans le royaume de Naples. Sa fondation remonte à 1304.

Il n'est peut-être pas hors de propos d'observer ici que, parmi ces Chartreuses, comme parmi toutes celles qui existaient autrefois, les unes ont été fondées par l'Ordre même, les autres par des bienfaiteurs, personnages ordinairement illustres et opulents, qu'on ne put pas toujours empêcher d'y déployer un certain esprit de magnificence peu en harmonie sans doute avec la pauvreté évangélique dont doivent faire profession d'humbles religieux. C'est ce qui peut et doit jusqu'à un certain point servir d'excuse en faveur des maisons de cette dernière classe, qu'on trouverait des habitations peut-être un peu trop remarquables sous le rapport de l'art pour des hommes voués à la pratique des conseils évangéliques. Du reste, même dans ces maisons, les cellules des religieux n'ont rien de contraire à cette simplicité qui fait un des caractères distinctifs de l'Ordre, et qui est spécialement recommandée par ses constitutions.

FIN.

TABLE DES MATIÈRES.

Avant-propos............................ page	5
Vie de saint Bruno, Fondateur de l'Ordre des Chartreux.....	7
Chap. I. Itinéraire de Voreppe à la Grande-Chartreuse.......	55
Chap. II. Le Monastère. — § Ier. Notice historique...........	73
§ II. Description du Monastère.....................	79
Chap. III. Explication des tableaux composant la vie de saint Bruno par Le Sueur................................	91
Chap. IV. Du genre de vie des Chartreux..................	115
Chap. V. Idée d'un véritable Chartreux.......	127
Chap. VI. Vue générale du Désert. Course aux chapelles de Notre-Dame *de Casalibus* et de saint Bruno. Ascension au Grand-Som...	141
Chap. VII. Retour par le Sappey........................	155
Chap. VIII. Histoire naturelle...........................	165
Chap. IX. Pièces et fragments en vers et en prose sur la Grande-Chartreuse..	195
Chap. X et dernier. Notice sur les Chartreuses actuellement existantes...	209

DE LA GRANDE-CHARTREUSE

A CHALAIS,

ou

NOTICE SUR NOTRE-DAME DE CHALAIS, COUVENT RÉCEMMENT ACHETÉ ET RESTAURÉ

PAR LE P. LACORDAIRE,

Pour en faire une Maison de Dominicains.

DE LA GRANDE-CHARTREUSE

A CHALAIS,

COUVENT DE DOMINICAINS.

Parmi les dépendances anciennes de la Grande-Chartreuse, nous n'avons pas mentionné la Chartreuse de Currières (1) ni la chartreuse de Chalais. Currières est au haut d'une vallée latérale qui s'ouvre sur la droite en venant de Saint-Laurent-du-Pont à la Grande-Char-

---

(1) Fondée en 1212 dans l'intérieur des limites du Désert, par

treuse, avant le pont Parant; les chartreux en ont la jouissance, mais aucun d'eux ne l'habite, parce que les bâtiments en sont fort délabrés, et exigeraient trop de réparations. Ce n'est plus aujourd'hui qu'une ferme ou une bergerie qu'ils font administrer par un de leurs frères convers. La position en est un peu moins sauvage que celle de la Grande-Chartreuse et presque aussi pittoresque. On l'aperçoit très-bien d'un point rapproché de la ferme de Chartreusette, qui est de l'autre côté de la vallée (1).

Currières est un peu plus loin de la Grande-Char-

Emblard d'Entremont, qui fut depuis évêque de Maurienne. On ne la considérait, ainsi que la chartreuse de Chalais, que comme une annexe de la Grande-Chartreuse. Il y avait eu en Dauphiné jusqu'à neuf autres chartreuses; quatre ne subsistaient déjà plus en 1789, savoir : les Escouges, les Plantées de Beaucroissant, Permagne et Bertaud. Cinq autres étaient bien conservées et habitées par un certain nombre de religieux. C'étaient celles de Durbon, en Gapençais, du val Sainte-Marie, près Bouvente, dans le Royans; de Sylve-Bénite, dans la forêt de Paladru, et de Prémol, dans les montagnes d'Uriage et de Vaulnaveys. Cette dernière était une chartreuse de femmes, ainsi que celle de Durbon.

(1) Nous avons indiqué *Chartreusette* comme le but d'une des promenades les plus agréables et les moins pénibles que l'on puisse faire autour du couvent de la Grande-Chartreuse, dans le rayon d'une demi-lieue à une lieue. *V.* page 143.

treuse que Fourvoirie. Chalais en est à une distance bien plus considérable encore, quoique l'on considérât ce petit monastère comme étant dans l'enceinte des montagnes du Désert.

L'ancien couvent de Chalais fut d'abord une abbaye de bénédictins dont la fondation, qui remonte à 1108, fut due à Guigues le Gras, sire d'Albon et comte du Graisivaudan, et à Mathilde, sa femme, appelée *Regia* dans l'acte de donation, c'est-à-dire, sans doute *princesse du sang royal*. Saint Hugues, alors évêque de Grenoble, concourut à cette fondation.

Un autre monastère de Dauphiné, celui de Boscodon, fondé près d'Embrun en 1136, s'affilia à celui de Chalais, et les religieux de ces deux couvents étaient connus sous le nom de Calésiens, *Calesii*. Vers la fin du XIIIe siècle, les abbés de Chalais transportèrent leur résidence à Boscodon, et laissèrent leur demeure primitive dans l'abandon le plus complet. Guillaume de Royn, évêque de Grenoble, répara les ruines de cette abbaye déjà antique, et la donna aux religieux de saint Bruno (1), qui en firent d'abord une Chartreuse particulière; puis, en 1580, ils la réunirent au chef d'Ordre; en 1640, le bâtiment, tel

---

(1) En 1303.

qu'il est aujourd'hui, fut relevé aux frais de la Grande-Chartreuse. Jusqu'à l'époque de la révolution, il en a été une dépendance ou une *Rectorerie*. On y envoyait les religieux qui, à cause de leur âge ou de leurs infirmités, ne pouvaient pas supporter les rigueurs du climat de la Maison mère.

Ce couvent, vendu nationalement en 1791, a été acheté le 5 avril 1844 par le père Lacordaire; sept frères prêcheurs, de l'ordre de saint Dominique, habitent maintenant cette vieille solitude.

En été, quand on a un de ces temps sereins nécessaires pour la sécurité du voyageur qui s'enfonce au sein des gorges inhabitées des Alpes, on peut franchir, dans une journée, en passant par Vallombrey et la croix du Charmant-Som, les deux rangs de montagnes qui séparent la Grande-Chartreuse du couvent de Chalais. Une vallée riante, et semée vers la fin de juin des plus belles fleurs, conduit de Vallombrey à ce sommet (1), qui justifie si bien l'étymologie de son nom. Mais à mesure qu'on s'engage dans les montagnes, tout prend un aspect plus sauvage, et les chemins deviennent plus âpres et plus pénibles, jusqu'à ce que l'on redescende du haut des cimes les plus

(1) Som.

ardues de cette chaîne, dans les forêts de sapins, où est situé le monastère de Chalais. Il vaut peut-être mieux pour la plupart des touristes peu accoutumés à ces excursions difficiles et quelquefois périlleuses, redescendre à Saint-Laurent-du-Pont, suivre la grande route jusque près de l'église de Pommiers, et là demander un guide, qui vous fait prendre un chemin fort doux et très-bien frayé, à travers des hameaux ombragés de noyers, des gorges accidentées, des bois sombres et pleins de fraîcheur (1).

C'est la voie que nous avons prise dans le mois d'août 1844, avec un compagnon de voyage dû à une de ces rencontres du hasard dont on a toute la vie à s'applaudir.

Après nous être détournés de notre route pour aller voir une carrière de lignite, qui est à une demi-lieue au-dessus de Pommiers, nous traversâmes un

---

(1) Nous supposons ici qu'on veut aller de la Grande-Chartreuse à Chalais, comme nous l'avons fait nous-même. En venant de Grenoble, il vaudrait mieux y monter par le hameau du Chevalon, près Voreppe, ou faire le tour par le bourg même de Voreppe ; mais ces deux routes sont toutes les deux plus rapides que celle que l'on prend à l'église de Pommiers. Par l'une et par l'autre il faut à peu près deux heures pour monter au couvent.

torrent sur les épaules de notre guide, et nous allâmes rejoindre, sur l'autre versant de la colline, le chemin de Voreppe à Chalais. Ce chemin raviné par les eaux de l'orage, devient encore plus rocailleux et surtout plus rapide en grimpant près d'un col qui sépare les rochers de Lambernay d'un pic dont le faîte est couronné par un pavillon ou belvédère devenu un oratoire entre les mains des nouveaux possesseurs. Arrivés au pied de ce col vers la chute du jour, nous nous demandions avec inquiétude si ce n'étaient pas enfin les derniers efforts qui devaient nous obtenir le repos, les derniers coups de rames qui devaient faire entrer au port les deux nautonniers errants. Or, dès que nous eûmes atteint le haut de la montée, nous fûmes agréablement surpris et entièrement rassurés : le monastère se présentait à nous au fond d'une anse gracieuse formée par des prairies et au bas d'un rideau de noires forêts. Le joli clocher de l'église et le groupe de tilleuls deux fois centenaires qui s'élève tout à côté étaient éclairés par les derniers rayons du soleil couchant. Des vaches et des taureaux paissaient sur les pentes presque insensibles du vallon. Devant nos pas, s'offrait une allée de frênes et de sycomores plantée dans les flancs arrondis de la montagne, de manière à ménager autour du couvent une belle promenade en plaine. Cette allée nous conduisit en quelques minutes à la demeure hospitalière des disciples de saint Dominique.

Le site de la Grande-Chartreuse entouré et dominé de tous côtés par des rochers à pic qui ne laissent aucune issue visible, ressemble à une prison profonde entourée d'impénétrables barrières. Là, tout est en harmonie avec la vocation du religieux de saint Bruno qui aspire à se séparer du mouvement de la vie humaine, qui veut isoler du monde ses yeux aussi bien que son cœur. C'est l'obscurité d'un voile de deuil, c'est le silence de la mort, c'est la tristesse de la tombe. On s'y trouve comme sur le seuil de l'éternité. L'homme qui y fixe sa demeure n'appartient plus au temps : pour lui, tout est consommé, *consummatum est.*

A Chalais, au contraire, on a entre deux montagnes une échappée de vue sur la vallée de Voreppe ; on aperçoit l'Isère, et tout près de ses rives, quelques jolis villages et d'élégantes maisons de campagne. Là on peut donc avoir avec les hommes une sorte de communication lointaine, au moins par le regard ; on les voit de bien haut et comme à travers une sereine et céleste atmosphère ; mais enfin, on les voit encore, et toute relation n'est pas rompue avec eux. On sent que ce n'est pas un sépulcre anticipé, mais une retraite temporaire, où de saints apôtres viennent se fortifier dans la conversation avec Dieu pour aller ensuite annoncer au monde la parole évangélique. Là, l'étude, la méditation et la prière ont pour but, non-seulement la sanctification personnelle, mais la conversion des incrédules, des pécheurs, et même des sauvages et des idolâtres. Car on peut dire des religieux de l'ordre de saint Dominique, que, décimés par le martyre, ils ont *laissé leurs os sur tous les rivages;* depuis la Chine jusqu'à l'Amérique et l'Océanie, ils ont partout fait entendre leur voix apostolique et civilisatrice.

Aussi quand nous aperçûmes de loin, sur le haut de la prairie alpestre, les vêtements blancs et légers des dominicains de Chalais, nous ne pûmes nous empêcher de nous écrier avec Fénélon : « qu'ils sont
» beaux les pieds de ces hommes qu'on voit venir du
» haut des montagnes apporter la paix, annoncer les
» biens éternels, prêcher le salut, et dire: ô Sion, ton
» Dieu régnera sur toi (1) !... »

Celui qu'un sentiment plus intime et plus cher

---

(1) Sermon pour la fête de l'Epiphanie, œuvres complètes.

que l'admiration, nous faisait chercher à Chalais, n'y était pas à cette époque. Mais il avait de dignes suppléants. Le prieur du couvent vint bientôt se joindre au procureur chargé de recevoir les étrangers, et l'un et l'autre nous reçurent avec cette politesse exquise où il semble qu'on retrouve un parfum de bonne compagnie épuré et perfectionné par la piété chrétienne.

L'intérieur de la maison, quoique arrangé primitivement par des religieux de saint Bruno, a une physionomie toute différente de l'intérieur du Monastère de la Grande-Chartreuse. Ce ne sont pas de ces longs corridors, froids et humides, comme ceux du grand cloître. Sans doute c'est moins monumental, mais on s'y sent plus à l'aise; on n'y est pas accablé sous une sorte d'immensité silencieuse, dont il est si difficile de supporter longtemps le poids, sans une vocation toute spéciale.

Le logement destiné aux étrangers, que l'on s'occupait de réparer, était encore à cette époque, moins commode et beaucoup moins vaste qu'à la Chartreuse, d'où nous venions, et nous y fûmes peut-être moins bien. Mais en revanche, pendant une soirée et une matinée qui nous semblèrent bien courtes, nous pûmes jouir d'une conversation qui n'était en rien étrangère aux idées et aux faits du jour. Les religieux de saint Bruno ignorent les nouvelles, et même en général la littérature contemporaines. Ceux de saint Dominique doivent au contraire se tenir au courant du mouvement de la société moderne, afin de s'y mêler par des prédications dont l'actualité saisisse les esprits auxquels elles s'adressent : aussi ils comprennent les pensées, les goûts, les impressions des gens du monde; ils s'assortissent à leur langage; on trouve auprès d'eux une vive intelligence des idées de leur temps, et même des préjugés qu'ils ne partagent pas. Du reste, après avoir montré en quoi les Dominicains diffèrent des Chartreux, il faudrait, et cela serait moins difficile encore, faire voir tout ce qui les sépare de la mollesse physique et intellectuelle de notre civilisation vieillie. Il faudrait peindre leur vie austère et sobre qui se rapproche de celle des Chartreux; car ils font maigre comme eux toute l'année, et ont aussi des jeûnes multipliés; seulement ils peuvent obtenir des dispenses dans l'intérieur de leur couvent pour cause de maladie, et à l'extérieur dans le temps de leurs prédications. Ils veillent pour prier et psalmodier l'office jusqu'à minuit, et se lèvent cependant le lendemain de grand matin. A la vérité, la conversation ne leur est pas interdite aux heures des récréations : leur règle n'exige pas qu'ils se replient constamment sur eux-mêmes. Pour agir sur des adversaires, il faut bien qu'ils apprennent à discuter et à s'entretenir avec des frères en Jésus-Christ. C'est par des luttes fictives qu'on prélude à des combats réels. D'ailleurs une sorte d'émulation est nécessaire afin d'encourager chacun de ces ouvriers évangéliques à faire valoir pour la fécondation de la vigne céleste les *talents* que le Seigneur leur a confiés. Enfin les anciens doivent faire profiter les plus jeunes de leur longue expérience du monde, et aux enseignements profonds des sciences divines et humaines, ils joignent l'étude du cœur de l'homme, si importante pour ceux qui auront quelque jour des consciences à diriger.

Ainsi tout est grave et austère dans l'existence de ces religieux, qui ne s'occupent de la terre que dans la vue du ciel. C'est là ce qui les distingue plus encore que leur habit, de la masse de leurs contemporains, restés dans les voies du monde.

Une singularité qui a déjà été remarquée, c'est que dans la petite colonie de onze ou douze Dominicains français qui s'est formée dans les couvents italiens de Viterbe et de Bosco, il y avait des architectes, des peintres et des sculpteurs. Tout récemment, un peintre d'un grand mérite, M. C., qui avait une renommée déjà brillante dans la carrière qu'il avait embrassée, vient de quitter le monde pour se retirer à Chalais. Depuis Angélique de Fiésole jusqu'à lui, il y aurait une longue liste à faire d'artistes éminents qui, sous l'habit de saint Dominique, ont consacré à Dieu leur talent et leur existence (1). Si la véritable peinture religieuse doit renaître en France, elle le devra peut-être à ces moines, dont les renoncements et le dévouement pieux excitent si fort l'étonnement du vulgaire, et sont même en butte aux préventions défavorables de quelques sages du siècle.

D'après tous ces détails, on doit comprendre que les vocations dominicaines sont plus communes chez les hommes du monde proprement dits que ne le sont les vocations *cartusiennes*. L'artiste, le poëte, l'orateur du barreau trouvent un attrait secret dans cette vie religieuse, qui se compose tour à tour de recueillement et d'action ; dans la règle de cet Ordre, qui a ses glorieux souvenirs du passé ; son immense exten-

---

(1) Voir à ce sujet un article fort intéressant de M. le comte de Montalembert dans la revue archéologique du mois de février ou de mars 1845. Un dominicain français, artiste lui-même, s'occupe d'écrire la vie des artistes dominicains.

sion présente au sein des diverses parties du monde, ses brillantes espérances de résurrection et d'avenir, encouragées par un de ces hommes rares dont la parole et le regard s'embrasent du rayon inspirateur et prophétique. Aussi plus d'un jeune incrédule, égaré par les leçons d'une fausse philosophie, ou par la fougue d'une ardente imagination, a senti s'échapper de la chaire sainte l'éclair qui a illuminé son esprit, le *Verbe* qui a retenti et pénétré dans son cœur : puis, il est allé trouver l'Initiateur qui lui a fait voir et comprendre le monde de la foi, il s'est placé sous son joug, doux et léger comme celui du divin maître ; et, en déposant les vêtements du monde pour revêtir le froc et la ceinture de saint Dominique, on l'a vu devenir un homme nouveau, que ses anciens compagnons d'erreurs auraient peine à reconnaître. Cette âme qui était toute au siècle est maintenant toute à Dieu ; chez elle l'orgueil a fait place à la docilité, le prosélytisme du mal au prosélytisme du bien, l'amour égoïste du plaisir à un dévouement fraternel pour tous les hommes. Ce tableau des merveilleuses révolutions de la grâce n'est point inventé, ni flatté, et tout le monde pourrait aller en vérifier le modèle.

Le matin, à l'aube du jour, éveillés par la cloche matinale, nous allâmes assister à une partie de l'office et entendre la messe dans l'église récemment restaurée. Cette église a la forme d'une croix, et ses voûtes hardies lui donnent un air de grandeur et de majesté. Les vieilles stalles, encore subsistantes, ont été réparées, ainsi que la boiserie du chœur. Il n'y manque plus que les sculptures et les peintures dont les artistes attachés à l'Ordre doivent la décorer.

Avant de redescendre du désert alpestre dans les plaines habitées, nous allâmes les contempler du haut du pic de Chalais, où a été placé l'oratoire dont nous avons parlé. Là, la vue bien plus variée et plus étendue que du couvent même, plonge sur la magnifique plaine de Tullins, franchit les coteaux de Rives et de la Frette et va se perdre dans les brumes de Lyon ou dans les lignes indécises des montagnes du Vivarais. Un paysagiste enthousiaste s'écriait en arrivant sur ce pic : « Sans doute c'est ici que le diable transporta » Jésus-Christ quand il voulut le tenter. »

Nos bons et aimables religieux nous avaient guidés dans cette excursion, plus longue (1) qu'on ne le

---

(1) Il faut à peu près trois quarts d'heure pour y monter et au moins une demi-heure pour en redescendre. Il est moins long et moins fatigant d'aller à un site appelé *Bellevue*, qui est un peu au-dessous du Belvédère, et d'où l'on a à peu près les mêmes aspects.

croirait en cherchant à apprécier de loin la distance du couvent au Belvédère ; ils nous accompagnèrent encore jusqu'aux limites peu reculées de leurs possessions. Mais en les quittant, nous sentions que nous ne refermions pas sur eux les portes infranchissables d'un désert. En quelque lieu de la terre que la Providence dût jeter nos pas, au sein des cités populeuses de notre patrie comme sous la hutte du sauvage du Nouveau Monde, nous pensions qu'il nous était possible de rencontrer ces apôtres du christianisme, dont les rochers des Alpes ne devaient abriter qu'en passant l'existence laborieuse.

Si nous avons essayé de saisir les traits caractéristiques de ces deux Ordres religieux créés dans des vues si différentes à quelques égards, ce n'est pas pour établir la prééminence de l'un sur l'autre. Chez le Dominicain comme chez le Chartreux, il y a par le seul fait du vœu monastique un complet holocauste de soi-même, une consécration irrévocable à Dieu de la vie entière. L'espèce de mort volontaire du disciple de saint Bruno étonne davantage la faiblesse de notre nature, et au point de vue de la foi catholique, une telle vie n'en est que plus méritoire et plus admirable. C'est l'immolation du cœur qui, dans le culte évangélique, a remplacé l'immolation de l'homme par l'homme, ou celle des animaux égorgés sur les autels de la divinité.

Ces sacrifices tout moraux ne seraient-ils pas, aux yeux même de nos philosophes modernes, un immense *progrès* sur les sacrifices matériels des sociétés antiques? Y a-t-il une religion qui ait trouvé moyen de satisfaire d'une manière plus clémente et plus sublime, que ne le fait le catholicisme, certains besoins mystérieux de l'humanité ?

Il ne faut donc pas, en substituant les calculs d'une sagesse mondaine aux vues de la sagesse chrétienne, dire que les Ordres contemplatifs ne sont pas utiles à la religion. Leur rôle est celui de Moïse, qui levait les bras au ciel sur la montagne, tandis que Josué combattait dans la plaine. Il ne serait pas à désirer, il est vrai, que la portion militante de l'Eglise s'appauvrît outre mesure et que les compagnons de Josué le quittassent en foule pour aller trouver Moïse. Mais Dieu ne permettra pas qu'il en soit jamais ainsi. Prenons-en pour exemple et pour preuve les deux Ordres religieux dont nous venons de parler. On compte par milliers les disciples de saint Dominique dans toutes les parties du monde. Les Chartreux, au contraire, ne se sont pas propagés hors de l'Europe, et leur nombre, qui n'a jamais été bien considérable, ne s'élève pas en tout, aujourd'hui, à plus de deux cents profès. Sachons donc avoir confiance dans la Providence, et dans l'Eglise, son ministre sur la terre, pour régler ces questions délicates, que nous tranchons quelquefois avec tant d'ignorance et d'irréflexion. Et quant aux vocations monastiques en général, laissons-les se débattre sans obstacle entre Dieu et les âmes qui s'y sentent appelées; ces libertés intimes de la conscience sont de toutes les libertés, les plus sacrées et les plus respectables; ce sont celles dont la violation froisse et révolte le plus les cœurs nobles et les esprits élevés.

GRENOBLE, IMPRIMERIE DE C.-P. BARATIER.

www.ingramcontent.com/pod-product-compliance
Lightning Source LLC
Chambersburg PA
CBHW070641170426
43200CB00010B/2089